중국 유학생을 위한 한국어

中国留学生实用韩语

中国留学生实用韩语

중국 유학생을 위한

한국어

방운규

도서출판 역락

머리말

한국과 중국은 지리적으로 가까워 먼 옛날부터 교류를 해 왔다. 지금은 두 나라의 교류가 더욱 활성화되고 있는데, 특히 양국의 경제적·문화적 교류가 두드러지고 있다. 중국에 진출하는 한국인들의 수가 해마다 증가하는가 하면, 한국에 진출하는 중국인들도 이에 못지않게 증가하고 있다. 중국인들의 한국 진출에서 눈여겨 볼 분야는 중국 유학생이다. 현재 한국에 온 중국 유학생들은 6만 명이 넘는다. 이는 한국에 온 유학생 7만 7천 명의 절대다수를 차지한다.

중국 유학생이 한국에서 공부하기 위해서는 우선 한국어를 습득해야 한다. 이들은 중국에서 한국어를 어느 정도 학습한 경우도 있고, 한국에 와서 배우는 경우도 있다. 유학 전에 중국에서 한국어를 배우는 기간은 짧게는 2~3년, 길게는 4~5년이 된다. 여러 가지 상황을 고려해 볼 때 전자에 해당하는 경우가 대부분이다.

그런데 이 짧은 학습 기간으로는 한국어를 유창하게 구사할 수 없다. 이것은 한국어와 중국어가 너무도 다르기 때문이다. 한국어가 조사와 어미가 발달한 첨가어(교착어)임에 비하여, 중국어는 이것이 없는 고립어이기 때문이다. 이에 따라 중국인이 한국어를 배우기란 정말로 어려운 일이다.

중국인들이 한국어를 어렵게 생각하는 것은, 무엇보다도 조사와 어미가 있기 때문이다. 한국어는 문법적 기능을 지닌 조사와 어미를 완벽하게 활용할 수 있어야 하는데, 이들 조사와 어미의 종류와 기능은 중국인들이 극복하기에는 너무도 많고 복잡하다. 어느 한 언어를 습득하려면 그 언어의 특성에 적합한 학습 방법을 마련해야 한다. 따라서 한국어 교재도 이에 맞게 만들 필요가 있다.

이 책은 이런 필요성에 따라 만들어졌는데, 중국 유학생들이 한국어를 쉽고 빠르게, 그리고 완벽하게 습득하는 데 한몫을 할 것이다. 특히, 조사와 어미의 활용 중심의 연습문제는 이것을 뒷받침하는 디딤돌이 될 것이다. 본문 부분은 회화체 이야기를 제시하였으며, 이에 관련한 어휘와 어구의 발음을 덧붙여 중국 유학생들이 발음에 자신감을 갖도록 하였다. 또한 본문에 관련된 문법 내용을 간략하고도 체계 있게 설명하였다. 마지막 부분에는 앞에서 배운 것을 점검하는 연습문제를 제시하였다.

이 책은 총 33과로 구성되어 있는데, 대학에서 한 학기 동안 이 교재를 사용할 경우 한 주에 2~3과를 강의하면 무난히 마칠 수 있을 것이다. 학생들의 한국어 실력을 감안하여 강의 양을 조절할 수도 있다.

이 책을 만듦에 있어서 여러 저서들의 도움을 받았다. 저서마다 일일이 고마움을 표시해야 하나, 우선 지면을 통해서 그 고마움을 표시하게 됨을 매우 죄송스럽게 생각한다. 아무쪼록 이 책이 중국 유학생들이 한국어를 배우는 데 있어서 좋은 친구이자 안내서가 되길 바란다.

2010년 2월 17일
방 운 규

차례

1 │ 안녕히 주무셨어요?

이한솔: 어머니, 안녕히 주무셨어요?

어머니: 그래, 우리 아들 잘 잤니?

　　　　요즘 환절기라 감기 조심해야 한다.

　　　　잘 때는 창문을 닫고 자야 해.

누　　나: 요즘 한솔이는 그냥 자는 것 같은데.

이한솔: 나는 열이 많아. 그래서 창문을 열고 잔 거야.

　　　　앞으로는 닫고 잘게.

누　　나: 나는 벌써부터 이불을 덮고 자는데. 그런데도 새벽엔 춥더라.

어머니: 나도 그래.

　　　　자, 아침을 먹자.

발음 Pronunciation

안녕히 [안녕이]

잤니 [잗니 → 잔니]

같은데 [가튼데]

닫고 잘게 [닫꼬잘께 / 다꼬잘께]

새벽엔 춥더라 [새벼겐춥떠라]

주무셨어요 [주무서써요]

조심해야 [조심애야 → 조시매야]

열이 많아 [여리마나]

덮고 [덥고 → 덥꼬]

먹자 [먹짜]

어휘 vocabulary

주무시다	그래	아들	자다
요즘	환절기	감기	조심
창문	닫다	그냥	같다
열	많다	그래서	열다
앞으로	벌써	−부터	이불
덮다	그런데	새벽	춥다
자	아침	먹다	

1. 상대(相對)높임법

한국어는 높임법이 발달한 언어이다. 따라서 한국어를 말할 때는 이 점을 잘 생각해야 한다. 말을 할 때 가장 먼저 생각해야 할 것은 상대방이 어떤 사람인가를 판단해야 한다. 즉, 상대가 나이가 많은가 적은가, 사회적 지위가 높은가 낮은가를 판단한 다음 그에 따라 종결어미를 선택해야 한다. 이와 같이 상대를 높이는 것을 상대높임법(청자높임법)이라고 한다. 상대높임법은 청자높임의 어미와 높임접미사, 그리고 높임명사로 실현된다.

어미 문장	종 결 어 미		
	높 임	낮 춤	
서술문	-습니다 / ㅂ니다	-는다 / ㄴ다 / 다, -네	-아 / 어
의문문	-습니까	-느냐 / (으)냐, -나, -니	
명령문	-으십시오	-어라 / 아라, -게	
청유문	-읍시다	-자, -세	

※ 낮춤의 종결어미 중에서 '-네, -나, -아 / 어는 높임의 특수조사 '-요'와 결합하여 상대높임을 실현한다.

① 높임

그림을 그립니다. (敍述文)

그림을 그립니까? (疑問文)

그림을 그리십시오. (命令文)

그림을 그립시다. (請誘文)

② 낮춤

그림을 그린다 / 그리네 / 그리어(그려). (敍述文)

그림을 그리느냐 / 그리니 / 그리나 / 그려? (疑問文)

그림을 그려라 / 그리게 / 그려. (命令文)

그림을 그리자 / 그리세 / 그려. (請誘文)

③ 낮춤+요→높임

그림을 그리네요 / 그려요. (敍述文)

그림을 그리나요 / 그려요? (疑問文)

그림을 그려요. (命令文)

그림을 그려요. (請誘文)

상대높임은 높임접미사 '－님'으로 실현된다. 그리고 '저, 저희'와 같은 어휘로도 실현된다. 이 경우 '저' 대신 '나'를, '우리' 대신 '저희'를 사용한 것이다.

선생님, 그림을 그리십니까?

선생님, 제 / 저희가 그림을 그리겠습니다.

2. 주체(主體)높임법

주체높임법은 문장의 주어를 높이는 방법을 말한다. 이것은 주체높임의 어미 '－으시－', 어휘, 접미사, 조사로 실현된다.

아버지가 밥을 먹는다.

아버님께서 진지를 잡수신다.

위 예문에서 '아버지'를 '아버님'으로, 주격조사 '－가'를 '－께서'로, '밥'을 '진지'로, '먹다'를 '잡수시다'로 바꾸어 주체높임법을 나타내고 있다.

높임 조사		−께서(←−이 / 가)
높임 접미사		−님
높임 어미		−으시−
높임 어휘	명사	진지(밥), 댁(집)
	동사	잡수시다(먹다), 주무시다(자다), 계시다(있다), 편찮으시다(아프다), 돌아가시다(죽다)

3. 객체(客體)높임법

객체높임법은 목적어나 부사어가 지시하는 대상을 높이는 방법을 말한다. 이것은 객체높임의 조사인 '-께', 접미사인 '-님', 그리고 동사로 실현된다.

나는 할머님을 모시고 서울에 갔다. (할머니=목적어)

나는 할머님께 용돈을 드렸다. (할머니=부사어)

높임 조사		-께(←-에게 / 한테)
높임 접미사		-님
높임 어휘	목적어	모시다(데리다), 뵙다(보다)
	부사어	여쭙다(묻다), 드리다 / 올리다 / 바치다(주다), 말씀드리다(말하다)

🗨 어머니, 안녕히 주무셨어요?

이 인사말은 아들이 어머니에게 한 것이다. 모자 사이기 때문에 그렇게 엄격하게 높임법을 사용하지는 않았다. 이것을 정상적으로 표현한다면 '어머님, 안녕히 주무셨습니까?'로 해야 할 것이지만, 아들이 어머니에게 한 말이기 때문에 좀 느슨한 존대를 한 것으로 보인다. '자다'를 '주무시다'로 바꾸고, '주무셨어'에 '-요'를 결합하였다. 이와 같이 높임법은 화자와 청자가 친밀할수록 엄격하지 않음을 알 수 있다.

🗨 자는 것 같은데

이 표현은 화자의 확실한 판단이 아닌 일에 대한 추측을 나타내고 있다. 확실한 판단이라면 '자는데'로 해야 하나, 여기에서는 '같다'가 '것'과 통합하여 불확실한 내용을 드러내고 있다. 즉, 여러 상황을 종합해 볼 때, '동생이 창문을 열어 놓고 자는 것으로 생각된다'는 의미다.

🗨 그래, 우리 아들 잘 잤니? / 나도 그래.

여기에서 '그래'가 두 개 나타났는데, 이들은 그 의미가 서로 다르다. 앞의 것은 물음에 대한 긍정적인 대답을 뜻하는 감탄사이고, 뒤의 것은 형용사로 '그러하+아→그러하여→그러해→그래'로 축약된 것이다. 어떤 일이나 생각이 같다는 의미로 해석된다.

1 다음 문장을 제시한 종결어미로 바꾸어 보세요.

그림을 그립니다.(-아/어) ····▶ 그림을 그려.

① 그림을 그립니까? (-느냐) ····▶
② 그림을 그리십시오. (-어라) ····▶
③ 그림을 그립시다. (-자) ····▶

2 다음 문장을 높임의 표현으로 바꾸어 보세요.

그림을 그리네. ····▶ 그림을 그리네요.

① 그림을 그려. ····▶
② 그림을 그리나? ····▶

3 다음 문장을 높임법에 맞게 바꾸어 보세요.
① 아버지가 밥을 먹는다. ····▶
② 할아버지가 잔다. ····▶

4 다음 문장을 높임법에 맞게 바꾸어 보세요.
나는 할머니한테 말했다.

····▶

5 다음 문장 중 잘못된 곳을 고쳐 바르게 쓰세요.
나는 할머님을 데리고 서울에 갔다. ····▶

2 | 봄

김동수: 야, 봄이다! 꽃들 좀 봐.

　　　　개나리와 진달래가 활짝 피었어.

정다솔: 그래, 꽃들이 참 예쁘다!

김동수: 그런데, 꽃이 예쁠까? 다솔이가 예쁠까?

정다솔: 몰라. 사람들한테 물어봐.

김동수: 다솔이가 꽃보다 예뻐.

정다솔: 정말이야? 고마워.

김동수: 우리 여기서 사진을 찍자.

정다솔: 그런데, 사진기가 없잖아?

김동수: 걱정하지 마. 휴대전화로 찍어.

정다솔: 아, 그렇구나!

발음 Pronunciation

봄이다 [보미다]   꽃들 [꼳들 → 꼳뜰 / 꼬뜰]

꽃들이 [꼳뜨리 / 꼬뜨리]   꽃이 [꼬치]

물어봐 [무러봐]   꽃보다 [꼳보다 → 꼳뽀다 / 꼬뽀다]

찍자 [찍짜]   사진기 [사진끼]

없잖아 [업잔아 → 업짜나]   걱정 [걱쩡]

휴대전화 [휴대저놔]   그렇구나 [그러쿠나]

어휘 vocabulary

봄	꽃	좀	보다
개나리	―와	진달래	―가
활짝	피다	참	예쁘다
그런데	―ㄹ까	모르다	사람
―한테	묻다	―보다	정말
고맙다	여기	―(에)서	사진
찍다	사진기	없다	걱정
휴대전화	그렇다		

　한국어는 첨가어(添加語) 또는 교착어(膠着語)로 조사와 어미가 발달한 언어이다. 조사는 체언에 결합하여 쓰이며, 어미는 어간에 결합하여 쓰인다. 이들 조사와 어미는 중요한 문법적 기능을 하므로 한국어를 학습하는 데 있어서 관심을 집중해야 한다. 따라서, 평소에 조사와 어미의 종류와 그 사용법을 잘 익혀 두어야 한다. 성공적인 한국어 학습은 조사와 어미를 어떻게 활용할 수 있느냐에 달려 있다고 해도 과언이 아닐 것이다.

　조사에는 체언에 붙어 일정한 문장성분으로 기능하게 하는 것, 일정한 문장성분을 나타내지 못하고 그 체언에 대해 뜻을 정밀하게 나타내도록 하는 것이 있다. 전자를 격조사(格助詞)라고 하고, 후자를 보조조사(補助助詞)라고 한다. 그 밖에 단어와 단어를 이어 주는 연결조사(連結助詞)와 문장에 결합하는 특수조사(特殊助詞)가 있다.

　격조사는 체언이 다른 문장성분과 관계를 맺도록 하는 것인데, 여기에는 주격조사(主格助詞), 목적격조사(目的格助詞), 비교격조사(比較格助詞), 처격조사(處格助詞), 도구격조사(道具格調助詞), 서술격조사(敍述格助詞) 등이 있다. 그리고, 이름을 부를 때 주어를 호칭어(呼稱語)로 만드는 호격조사(呼格助詞)가 있다.

<국어의 조사>

종 류		예
격조사	주 격 조 사	-이 / 가, -께서(높임)
	목적격조사	-을 / 를
	비교격조사	-와 / 과, -보다, -처럼, -만큼, -하고
	처 격 조 사	-에, -(에)서, -에게 / 한테, -께(높임)
	도구격조사	-으로(서 / 써)
	서술격조사	-이다
	호 격 조 사	-아 / 야, -이여
보조조사		-은 / 는, -도, -만, -마다, -부터, -까지, -조차, -마저, -이라도, -이나, -이나마
연결조사		-와 / 과, -의, -에~-에, -하고~-하고, -이나~-이나, -(는)커녕
특수조사		-요, -마는, -시피, -(라)고

1. 주격조사

주격조사(主格助詞)는 문장에서 동작이나 상태의 주체를 만드는 조사를 말한다. '-께서'는 '-이/가'를 높이는 조사이다.

> 산이 높다. (體言에 받침이 있을 때: '-이')
> 꽃들이 예뻐.
> 날씨가 덥네. (體言에 받침이 없을 때: '-가')
> 개나리와 진달래가 활짝 피었어.
> 선생님께서 말씀하셨다.

2. 목적격조사

이것은 동사 서술어의 '대상, 상대'를 나타내는 조사를 말한다.

> 책을 읽는다. (體言에 받침이 있을 때: '-을')
> 사진을 찍자.
> 친구를 만났니? (體言에 받침이 없을 때: '-를')
> 모자를 샀어요

3. 비교격조사

이것은 '비교, 함께 함'의 뜻을 나타내는 조사이다.

① -와/과

> 한국어는 중국어와 다르다. (體言에 받침이 없을 때: '-와')
> 얼굴이 눈(雪)과 같이 희다. (體言에 받침이 있을 때: '-과')

② -보다

> 납이 쇠보다 무겁다.
> 오늘이 어제보다 더 덥다.

③ -처럼

　아이가 어른처럼 밥을 먹어요.

　마음이 바다처럼 넓어.

④ -만큼

　우박이 탁구공만큼 컸어.

　올해도 날씨가 작년만큼 더웠다.

⑤ -하고

　나하고 놀자.

　한국이 중국하고 무역을 해요.

4. 처격조사

이것은 시간과 공간상의 위치를 나타내는 조사이다. '-께'는 '-에게 / 한테'를 높이는 조사이다.

① -에

　내일 오후 3시에 만납시다. (時間)

　종일 집에 있었어. (場所)

　나무가 바람에 부러졌다. (原因)

　이제 집에 돌아간다. (方向)

② -(에)서

　어제 서점에서 친구를 만났다. (場所)

　서울(에)서 왔어요. (始發點)

　9시에서 12시까지 공부했다. (始作時間)

③ -에게 / 한테

　남에게 / 한테 잘 해야지. (행동의 상대)

④ -께

　선생님께 말씀을 드렸다.

5. 도구격(道具格)조사

이것은 도구를 나타내는 조사이다.

① -으로(서 / 써)

연필로(써) 글을 쓴다. (연모)

우리는 사랑으로(써) 어린이들을 보살핍니다. (방편)

나는 회장으로(서) 대회에 참가하였다. (자격)

어제 감기몸살로 결석했어요. (원인)

6. 서술격조사

이것은 체언에 결합되어 그 체언이 서술어임을 나타내는 조사이다.

① -이다

이것은 책이다. (책+이다)

한국인들의 주식은 밥이다. (밥+이다)

우리는 학생입니다. (학생+이+ㅂ니다)

오늘은 월요일이야. (월요일+이+야)

7. 호격조사

이것은 주어를 호칭어로 만드는 조사이다.

① -아 / 야

한솔아, 어디 가니? (體言에 받침이 있을 때: '-아')

은지야, 너 뭐하니? (體言에 받침이 없을 때: '-야')

💬 **꽃이 예쁠까** : '예쁘+ㄹ까'

서술어 '예쁠까'는 형용사 어간 '예쁘-'에 의문형 종결어미 '-ㄹ까'가 결합한 것이다.

　　나도 수영을 할까?

　　밥을 먹을까? 라면을 먹을까?

💬 **몰라** : '모르+어 → 몰아 → 몰라'('ㄹ'를 첨가한 것은 발음을 분명하게 하기 위함이다)

이것은 형용사 어간 '모르-'에 종결어미 '-어'가 결합한 것인데, '모르'에서 '-으'가 탈락하면서 남은 'ㄹ'이 '모'의 받침으로 자리를 옮겨 '몰아'가 된 다음 '-아'에 'ㄹ'이 첨가된 것이다.

　　강물이 흘러 갑니다.('흘러': 흐르+어 → 흘+어 → 흘러)

💬 **없잖아** : '없지 않아 → 없잖아 → 없잖아'

이것은 원래 '없지 않아'인데, '-지 않-'이 축약되어 '잖'이 되었다. 물론 이 경우 원래는 '쟎'이 되지만 줄어진 형태를 하나의 단어처럼 다루어 '잖'으로 적는다.

💬 **걱정하지 마** : '말아 → 마아 → 마'

'마'는 하는 일이나 할 일을 그만두는 뜻을 가진 동사인 '말-'이 종결어미 '-아'와 결합한 것이다. '말아'는 '몰라'처럼 '아'에 'ㄹ'이 첨가되어 '말라'가 되기도 한다. 또는 '말아'에서 'ㄹ'이 탈락되어 '마아'가 된 다음 '아'가 탈락되어 '마'가 된 것이다.

더 배워 볼까요

봄나들이	꽃구경	대공원	봄소풍
벚꽃	새싹	춘곤증	봄나물
아지랑이	배꽃	봄맞이	따뜻하다
봄비	나른하다		

1 다음 (　　　) 안에 알맞은 조사를 골라 쓰세요.

　　　−이　　　　　−가　　　　−께서　　　　−을　　　　−를

① 산(　　　) 높다.

② 모자(　　　) 샀어요

③ 꽃들(　　　) 예뻐.

④ 날씨(　　　) 덥네.

⑤ 사진(　　　) 찍자.

⑥ 개나리와 진달래(　　　) 활짝 피었어.

⑦ 선생님(　　　) 말씀하셨다.

⑧ 책(　　　) 읽는다.

⑨ 친구(　　　) 만났니?

2 다음 (　　　) 안에 알맞은 조사를 골라 쓰세요.

　　　−와/과　　　　−보다　　　　−처럼　　　　−만큼　　　　−하고

① 한국어는 중국어(　　　) 다르다.

② 우박이 탁구공(　　　) 컸어.

③ 얼굴이 눈(雪)(　　　) 같이 희다.

④ 납이 쇠(　　　) 무겁다.

⑤ 한국이 중국(　　　) 무역을 해요

⑥ 오늘이 어제(　　　) 더 덥다.

⑦ 얘들아, 나(　　　) 놀자.

3 다음 (   ) 안에 알맞은 조사를 골라 쓰세요.

−에	−(에)서	−에게 / 한테	−께

① 내일 오후 3시(   ) 만납시다.

② 어제 서점(   ) 친구를 만났다.

③ 남(   ) 잘 해야지.

④ 선생님(   ) 말씀을 드렸다.

⑤ 이제 집(   ) 돌아간다.

⑥ 9시(   ) 12시까지 공부했다.

⑦ 종일 집(   ) 있었어.

⑧ 나무가 바람(   ) 부러졌다.

⑨ 서울(   ) 왔어요.

4 다음 (   ) 안에 알맞은 조사를 골라 쓰세요.

−으로서	−으로써	−이다	−아	−야

① 한솔(   ), 어디 가니?

② 어제 감기몸살(   ) 결석했어요.

③ 나는 회장(   ) 대회에 참가하였다.

④ 연필(   ) 글을 쓴다.

⑤ 은지(   ), 너 뭐하니?

⑥ 오늘은 월요일(   ).

⑦ 우리는 사랑(   ) 어린이들을 보살핍니다.

5 다음의 어간과 어미를 결합시켜 보세요.

① 아직도 그 비밀을 아무도 모르+어 ····▶ (   ) ····▶ (   )

② 강물이 조용히 흐르+어 ····▶ (   ) ····▶ (   )

3 | 여름

한　리: 오늘 날씨 무척 덥네요.

　　　　기온이 30도가 넘을 것 같아요.

이동국: 정말 덥네요. 얼굴에 땀이 줄줄 흘러요.

　　　　이제 장마가 끝나서 무더위가 극성을 부릴 거예요.

한　리: 장마요? 장마가 뭐예요?

이동국: 장마는 여름에 오랫동안 내리는 비예요.

　　　　한 한 달 동안 내릴 거예요. 비가 꽤 많이 와요.

한　리: 아, 그래요. 저는 비가 좋아요.

　　　　특히 빗방울 소리가 좋아요.

이동국: 저는 7월 말에 여름휴가를 떠나요.

　　　　7월 30일부터 8월 3일까지 휴가예요.

한　리: 좋겠네요. 어디로 가는데요?

이동국: 이번에는 동해바다로 가요.

거기는 바닷물이 차고 맑아요.

그래서 해수욕장마다 피서객들로 북적거려요.

한리 씨는 어디로 가요?

한　리: 저도 바다로 가요.

서해바다로 가요.

서해바다는 바닷물이 얕아서 좋아요.

모래도 너무 고와요.

그리고 저녁노을이 너무 멋있어요.

이동국: 벌써부터 기다려지네요.

휴가 즐겁게 보내세요.

발음 Pronunciation

덥네요 [덤네요]

넘을 것 같아요 [너믈꺼가타요]

극성을 [극썽을]

한 달 동안 [한달똥안]

빗방울 [빗방울→빋방울→빋빵울 / 비빵울]

바닷물 [바닫물→바단물]

해수욕장마다 [해수욕짱마다]

얕아서 [야타서]

멋있어요 [머시써요]

30도 [삼십또]

끝나서 [끝나서→끋나서→끈나서]

오랫동안 [오랟동안→오랟똥안 / 오래똥안]

좋아요 [조아요]

좋겠네요 [조켇네요→조켄네요]

맑아요 [말가요]

북적거려요 [북쩍꺼려요]

저녁노을 [저녕노을]

즐겁게 [즐겁께]

날씨	무척	덥다	기온
30도	넘다	정말	얼굴
땀	줄줄	흐르다	장마
끝나다	무더위	극성을 부리다	뭐(무엇)
오랫동안	내리다	비	
한('대략'의 뜻을 나타내는 관형사)		꽤	많이
특히	빗방울	소리	말(末)
여름휴가	어디	이번	동해바다
바닷물	차다	맑다	해수욕장
피서객	북적거리다	서해바다	얕다
모래	곱다	저녁노을	너무
멋있다	벌써	기다리다	즐겁다
보내다			

보조조사는 체언에 붙어서 그것에 대해 뜻을 정밀하게 나타내도록 하는 조사다. 여기에는 '-은/는, -도, -만, -마다, -부터, -까지, -조차, -마저, -이라도, -이나, -이나마' 등이 있다.

① -은/는

이것은 설명의 대상으로 앞에 내세우거나(화제 제시), 또는 대조(相異)의 뜻을 나타내기 위해 쓰인다. 대조의 뜻을 나타낼 경우에는, 그와 대조되는 다른 말이 나타나거나, 그렇지 않으면 속뜻으로 그것을 가져야 한다.

   ① 떡은 무엇으로 만듭니까? ('-은'은 體言에 받침이 있을 때)
     떡은 쌀로 만듭니다.
   ② 과자는 무엇으로 만듭니까? ('-는'은 體言이 모음일 때)
     과자는 밀가루로 만듭니다.
     ※ ①과 ②의 경우 '-은/는'은 대조의 뜻이 없다. 화제를 제시하는 기능을 한다.
   ③ 봄은 짧고 여름은 길다. ('봄'과 '여름'의 길이가 다름을 나타낸다.)
   ④ 밥은 먹는다. (다른 것은 먹지 못한다는 뜻을 속으로 가지고 있음)

② -도

이것과 저것이 한가지임(同一)을 나타내는 조사다. 강조와 느낌을 나타내기도 한다.

   하늘도 푸르다. 바다도 푸르다 / 하늘도 바다도 모두 푸르다.
   옷도 싸고 음식도 싸다.
   얼굴도 참 예쁘다. (강조, 느낌)

③ -만

단독(單獨), 한정(限定)의 뜻을 나타낸다.

   형은 공부만 해요. (다른 것은 하지 않는다는 뜻)
   나만 가겠다.

④ －마다

하나하나의 뜻(빠짐없이)을 나타낸다.

집집마다 차가 있다.
산마다 눈이 내렸다.
학교마다 도서관이 있다.

⑤ －부터

시작(始作)을 나타낸다.

내일부터 기말고사를 봐.
어른부터 식사를 한다.
아침부터 비가 왔다.

⑥ －까지

미침(倒給), 끝나는 점을 나타낸다.

2시까지 오세요.
서울에서 베이징까지 2시간이 걸린다.
월요일부터 금요일까지 근무한다.

⑦ －조차

덧보탬(添加)을 나타낸다.

이제는 관심조차 없다.
너조차 지각을 했니?

⑧ －마저

덧보탬이나 마지막(終結)을 나타낸다.

섬에는 집도, 사람도, 그리고 물마저 없었다.
휴대전화도 가방도, 그리고 지갑마저 잃어 버렸다.
친구마저 떠났다.

⑨ -이라도

'가리지 않고'의 뜻을 나타낸다.

그 일은 누구라도 할 수 있다.
통화라도 했어요?

⑩ -이나

'다른 것은 그만 두고라도', 또는 놀람을 나타낸다.

공부나 잘 해.
벌써 다섯 시나 되었네. (놀람)

⑪ -이나마

'마음에 덜 차지만(不滿足, 未洽)'의 뜻을 나타낸다.

그나마 다행이에요
찬밥이나마 많이 먹어.

🗩 -아서

이것은 원인, 이유를 나타내는 연결어미이다.

① 장마가 끝나서 무더위가 극성을 부릴 거예요.
(장마가 끝난 것은 원인, 무더위가 극성을 부리는 것은 결과)
② 바닷물이 얕아서 좋아요
(바닷물이 얕은 것은 원인, 좋은 것은 그 결과)

🗩 뭐예요

이것은 '무엇이에요'가 축약된 표현이다. '무엇→뭐'로, '-이에→예'로 각각 축약된 것
이다.

비가 올 것 같아요	늦을 것 같아요	여름이 좋아요	이게(이것이) 뭐예요?
오늘부터 내일까지 일해요 / 쉬어요 / 놀아요		동해안	서해안
남해안	냉장고	수영장	얼음
불볕더위	가마솥더위	수영복	냉면
수박	참외	계곡	배탈
피서지	바가지요금	물놀이	텐트(천막)
찬물	자외선	습도	모기
열대야	매미	식중독	그늘
음료수	냉커피	냉차	시원하다
샤워하다	이열치열	집중호우	폭우
천둥	번개	벼락	섬(島)
여름방학			

1 다음 (   ) 안에 들어갈 조사를 골라 쓰세요.

-까지	-마다	-만	-부터	-은/는	-도

① 이것(   ) 무엇입니까? (화제 제시)

② 동생(   ) 크고, 형(   ) 작다. (대조)

③ 한국어(   ) 잘 한다. (다른 말은 잘 못한다)

④ 하늘(   ) 푸르다. 바다(   ) 푸르다. (동일)

⑤ 그 아이는 우유(   ) 먹는다. (단독, 한정)

⑥ 집집(   ) 차가 있다. (빠짐없이)

⑦ 아침(   ) 비가 왔다. (시작)

⑧ 5시(   ) 오세요. (도급)

2 다음 (   ) 안에 들어갈 조사를 골라 쓰세요.

-조차	-마저	-이라도	-이나	-이나마

① 공부(   ) 잘 해. (다른 것은 그만 두고라도)

② 친구(   ) 떠났다. (종결)

③ 너(   ) 지각을 했니? (첨가)

④ 찬밥(   ) 많이 먹어. (불만족, 미흡)

⑤ 이제는 관심(   ) 없다. (첨가)

⑥ 섬에는 집도, 사람도, 그리고 물(   ) 없었다. (종결)

⑦ 그 일은 누구(   ) 할 수 있다. (가리지 않고)

⑧ 그(   ) 다행이에요. (불만족, 미흡)

3 다음 물음에 대답해 보세요.

① 떡은 무엇으로 만듭니까? (쌀) ····➤

② 구두는 무엇으로 만듭니까? (가죽) ····➤

③ 학생들은 무엇을 공부합니까? (무역학) ····➤

4 아래 보기처럼 연결어미를 사용해서 말해 보세요.

비가 많이 오다, (−아서), 강물이 넘쳤다.

····➤ 비가 많이 와서, 강물이 넘쳤다.

① 늦잠을 자다, (−아서), 지각을 했다. ····➤

② 일을 많이 하다, (−아서), 피곤하다. ····➤

5 아래 보기처럼 어미를 바꾸어서 말해 보세요.

여기가 서울입니다. (−이에요) ····➤ 여기가 서울이에요

① 여기가 만리장성입니다. (−이에요) ····➤

② 이것이 전자사전입니다. (−이에요) ····➤

4 | 가을

주웬웬: 벌써 가을이네요.

이한솔: 네, 온 산이 울긋불긋 물들었어요.

주웬웬: 한국의 가을은 어떤 계절이죠?

이한솔: 음, 여러 가지 표현이 있어요.

　　　　독서의 계절, 결실의 계절, 천고마비의 계절, 국화의 계절,

　　　　사색의 계절, 축제의 계절이라고 해요.

주웬웬: 참 많네요. 그럼 한솔 씨는 어느 것이 좋아요?

이한솔: 독서의 계절과 사색의 계절이 마음에 들어요.

　　　　독서는 마음의 양식이고, 사색은 마음의 여행이래요.

주웬웬: 와, 멋지네요. 역시 학생답네요. 그런데, 아까부터 배가 고파요.

이한솔: 아, 또 하나 생각났어요.

주웬웬: 그것이 무엇인데요?

이한솔: 네, 바로 식욕의 계절이에요.

주웬웬: 네?

가을이네요 [가으리네요]   울긋불긋 [울근뿔근]

물들었어요 [물드러써요]   한국의 [한구게]

독서의 [독써에]   국화의 [구콰에]

축제의 [축쩨에]   마음의 [마으메]

역시 학생답네요 [역씨학쌩담네요]   생각났어요 [생각나써요 → 생강나써요]

식욕의 [시교게]

가을	온(관형사)	울긋불긋	물들다
음	어떤	여러 가지	표현
독서	계절	결실	천고마비(天高馬肥)
국화	사색	축제	어느(관형사)
양식	마음에 들다	역시	여행
와(감탄사)	멋지다	학생	늘어나다
식욕	배고프다		

연결조사(連結助詞) ·······································

　　이것은 둘 이상의 단어를 이어 하나의 문장성분으로 이어 주는 조사이다. 즉, 둘 이상의 체언을 묶어서 하나의 주어, 목적어, 서술어나 그 밖의 다른 문장성분이 되게 한다. 연결조사에는 '−와 / 과, −의, −에∼−에, −하고∼−하고, −이나∼−이나, −(는)커녕, −요, −(라)고' 등이 있다.

① −와 / 과
　　꽃과 나무가 바람에 쓰러졌다. (꽃과 나무＝주어)
　　꽃과 나무를 샀다. (꽃과 나무＝목적어)
　　꽃과 나무에 물을 주었다. (꽃과 나무＝부사어)
　　저것은 꽃과 나무이다. (꽃과 나무＝서술어)

② −의
　　이것은 여러 가지 언어형식에 붙어서 뒤의 체언의 뜻을 한정하고, 뒤의 말과 더불어 한 문장성분이 된다. '−의'는 여러 가지 의미를 가지고 있으므로 그 용법을 잘 익혀야 한다.

　　'−의'의 용법
　　① 나의 책, 너의 집, 우리(의) 강아지. (所有−누가 가진)
　　② 나의 동생, 나의 형, 나의 친구. (關係−누구에 대한)
　　③ 서울의 한강, 중국의 만리장성. (所在−어디에 있는)
　　④ 제주도의 감귤. (産地−어디에서 생산되는)
　　⑤ 봄의 노래, 어머니의 사진. (對象−무엇 / 누구에 대하여 만든)
　　⑥ 선생님의 그림, 어머니의 음식. (所作−누가 만든)
　　※ '나의 책'에서 '−의'는 '으'가 생략되어 '나+이→내'가 된다.
　　　 '너의 집'에서 '−의'는 '으'가 생략되어 '너+이→네'가 된다.
　　　 다른 경우는 '−의'가 생략될 수 있다.
　　　 서울의 거리→서울 거리, 한국의 김치→한국 김치
　　　 한국의 대학→한국 대학, 친구의 어머니→친구 어머니
　　① 나의 책을 친구에게 주었다. (목적어)

② <u>나의</u> 친구가 회장이다. (주어)

③ 어제 <u>서울의</u> 한강에서 불꽃놀이를 했다. (부사어)

④ 이것은 <u>제주도의</u> 감귤이다. (서술어)

⑤ <u>봄의</u> 노래를 만들었다. (목적어)

⑥ <u>어머니의</u> 음식은 너무 정갈하다. (주어)

③ -에~-에

여러 가지가 갖추어져 있음을 나타낸다.

밥<u>에</u> 술<u>에</u> 실컷 먹었다. (목적어)

④ -하고~-하고

여러 가지가 함께 갖추어져 있음을 나타낸다.

나<u>하고</u> 너<u>하고</u> 같이 가자. (주어)

⑤ -이나~-이나

'가리지 않고'의 뜻을 나타낸다.

밥<u>이나</u> 죽<u>이나</u> 먹어야지. (목적어)

⑥ -(는)커녕

'그만두고, 고사하고'의 뜻을 나타낸다.

칭찬<u>(은)커녕</u> 꾸중만 들었어요 (목적어)

특수조사(特殊助詞)

이것은 문장에 붙는 조사이다.

① -요

한 문장으로 독립될 수 있는 말에 붙어서 청자(廳者)를 높인다.

① 서울역이 어디에 있어요?
② 벌써 가을이네요.
③ 아까부터 배가 고파요.
④ 그것이 무엇인데요?
⑤ 그래요. 알았어요.

② -(라)고

인용을 나타낸다.

① 그는 "나는 모른다"라고 말했다. (直接引用)
   선생님은 "오늘은 책을 읽자"라고 말씀하셨다. (直接引用)
② 오늘 같이 식사를 하자고 했어. (間接引用)
   사색은 마음의 여행이래요. (間接引用)
   ※ 여행이라고 해요→'-고 하-' 생략→여행이래요

💬 멋지네요, 학생답네요

'멋지네요'의 '-지-'와 '학생답네요'의 '-답-'은 명사에 결합하여 형용사를 만드는 접미사이다. 이와 같은 접미사에는 '-롭-, -스럽-, -하-' 등이 있다.

-답-   사람-답다, 신사-답다, 학생-답다, 정-답다
-롭-   이-롭다, 해-롭다, 향기-롭다
-스럽-   사랑-스럽다, 자랑-스럽다, 걱정-스럽다, 시원-스럽다
-지-   값-지다, 얼룩-지다, 멋지다
-하-   깨끗-하다, 화려-하다, 울긋불긋-하다, 조용-하다, 반듯-하다

💬 울긋불긋

앞에서도 말했듯이, 한국어는 상징어가 발달한 언어라고 했는데, 이것은 소리와 시늉(모양, 모습)을 흉내 내는 말이다. '울긋불긋'은 '여러 가지 빛이 뒤섞인 모양'을 상징한 말로 문장에서 부사어 기능을 한다.

① 소리를 흉내 낸 것

멍멍(개 소리)   야옹야옹(고양이 소리)

꼬끼오(닭 소리)   드르렁드르렁(코 고는 소리)

하하하(웃는 소리)   졸졸졸(시냇물 소리)

쾅쾅(터지는 소리)   콜록콜록(기침 소리)

똑똑똑(문 두드리는 소리)   짹짹(참새 소리)

삐약삐약(병아리 소리)   둥둥둥(북 소리)

뻐꾹뻐꾹(뻐꾸기 소리)   철썩철썩(파도 소리)

② 시늉을 흉내 낸 것

싱글벙글(정답고 환하게 웃는 모습)

엉금엉금(느리게 기는 모양)

빙글빙글(자꾸 미끄럽게 도는 모양)

도란도란(나직한 목소리로 정답게 지껄이는 모습)

노릇노릇(군데군데 노르스름한 모양)

사뿐사뿐(소리 나지 않게 가볍게 발걸음을 옮기는 모양)

으슬으슬(매우 차가운 느낌이 자꾸 드는 모양)

뭉게뭉게(구름이 덩이를 지어 자꾸 피어오르는 모양)

파릇파릇(점점이 파란 모양)

꾸벅꾸벅(계속 조는 모양)

옹기종기(크기가 다른 여럿이 귀엽게 모인 모양)

깡충깡충(짧은 다리로 자꾸 솟구쳐 뛰는 모양)

쭈글쭈글(물체가 쭈그러져서 주름이 고르지 않게 많이 잡힌 모양)

| 더 배워 볼까요 |

안개	코스모스	단풍구경	관광
수학여행	기차역	김밥	사이다
낙엽	고향	등산	식후경
저녁노을	수확	국화	

1 다음 (   ) 안에 들어갈 연결조사를 쓰세요.

① 나(   ) 책, 너(   ) 집, 우리(   ) 강아지. (所有)

② 나(   ) 동생, 나(   ) 형, 나(   ) 친구. (關係)

③ 서울(   ) 한강, 중국(   ) 만리장성. (所在)

④ 제주도(   ) 감귤. (産地)

⑤ 봄(   ) 노래, 어머니(   ) 사진. (對象)

⑥ 선생님(   ) 그림, 어머니(   ) 음식. (所作)

2 다음 (   ) 안에 들어갈 연결조사를 쓰세요.

① 한국(   ) 가을

② 독서(   ) 계절

③ 결실(   ) 계절

④ 국화(   ) 계절

⑤ 천고마비(   ) 계절

⑥ 사색(   ) 계절

⑦ 마음(   ) 양식

⑧ 마음(   ) 여행

⑨ 식욕(   ) 계절

3 다음 (   ) 안에 들어갈 연결조사를 골라 쓰세요.

| −(는)커녕 | −에∼−에 | −이나∼−이나 | −하고∼−하고 |

① 밥(   ) 죽(   ) 먹어야지.

② 나(   ) 너(   ) 같이 가자.

③ 칭찬(   ) 꾸중만 들었어요.

④ 밥(   ) 술(   ) 실컷 먹었다.

4 다음 (   ) 안에 들어갈 특수조사를 골라 쓰세요.

| －요 | －라고 / 고 |

① 서울역이 어디에 있어(   )?

② 벌써 가을이네(   ).

③ 아까부터 배가 고파(   ).

④ 그것이 무엇인데(   )?

⑤ 그래(   ). 알았어(   ).

⑥ 그는 "나는 모른다"(   ) 말했다.

⑦ 오늘 같이 식사를 하자(   ) 했어.

5 다음 문장에 맞는 상징어를 골라 쓰세요.

똑똑똑 꾸벅꾸벅 깡충깡충 멍멍 콜록콜록 싱글벙글 옹기종기

① 개가 (   ) 짖는다.

② 전철에서 (   ) 졸았다.

③ 아침부터 (   ) 기침을 해요.

④ 아이들이 (   ) 모였네.

⑤ 학생이 (   ) 문을 두드렸다.

⑥ 토끼가 (   ) 뛴다.

⑦ 모두 (   ) 웃어요.

5 | 겨울

왕위에: 오늘 눈이 온다고 했어.

한 리: 그래?

왕위에: 함박눈이 펑펑 내릴 것 같아.

한 리: 그럼 우리 눈사람 만들자.

왕위에: 손이 시릴 텐데.

한 리: 괜찮아. 장갑이 있잖아.

왕위에: 그런데, 중국에 계신 부모님들께서는 편안히 계실까?

한 리: 걱정하지 마. 지난번에 전화했었잖아. 잘들 계실거야.

왕위에: 우리가 한국에 온 지도 벌써 3년이 되었네.

한 리: 그래, 벌써 그렇게 되었어.

　　　　고향 생각도 나고 친구들 생각도 나.

　　　　갑자기 울적해지네.

왕위에: 밤에 부모님께 전화를 해야지.

한 리: 난 이메일로 편지를 보낼거야.

발음 Pronunciation

함박눈이 [함방누니]

눈사람 [눈싸람]

장갑이 있잖아 [장가비읻짜나 / 장가비이짜나]

전화했었잖아 [저놔애썯짜나 / 저놔애써짜나]

생각도 [생각또]

울적해지네 [울쩌캐지네]

내릴 것 같아 [내릴껃까타 / 내릴꺼까타]

괜찮아 [괜차나]

편안히 [펴나니]

되었네 [되얻네 → 되언네]

갑자기 [갑짜기]

보낼거야 [보낼꺼야]

어휘 vocabulary

눈	함박눈	펑펑	내리다
눈사람	만들다	시리다	괜찮다
장갑	계시다	부모	편안히
걱정하다	지난번	고향	친구
생각	갑자기	울적하다	전화
좀	이메일	편지	보내다
밤			

조사의 결합 순서(結合順序)와 생략(省略) ·····················

조사는 체언과 결합해서 여러 문장성분으로 만들거나(격조사), 체언에 대해 뜻을 정밀하게 나타나게 하거나(보조조사), 둘 이상의 단어를 연결하여 하나의 문장성분이 되게 한다(연결조사). 그리고 문장에 결합하기도 한다(특수조사). 그런데 이들 조사는 이들끼리 결합하는 데 있어서 다음과 같은 순서가 있다.

1. 조사의 결합 순서

① 격조사＋보조조사

부모님들께서는/도 편안히 계실까? (격조사＋보조조사, −께서＋는/도)

그는 나하고만/는/도 논다. (비교격조사＋보조조사, −하고＋만/는/도)

그 선물을 학생들한테는/도/만 주어라. (처격조사＋보조조사, −한테＋는/도/만)

이 약품을 실험용으로(써)는/만 사용할 수 있어요. (도구격조사＋보조조사, −으로(써)＋는/만)

② 보조조사＋격조사

나는 너만을 믿어. (보조조사＋목적격조사, −만＋−을)

여기부터가 서울이야. (보조조사＋주격조사, −부터＋−가)

③ 보조조사＋보조조사

오늘만은 입장이 허용됩니다. (−만＋−은)

오후 5시까지만은 입장이 허용됩니다. (−까지＋−만＋−은)

2. 조사의 생략

격조사는 상황에 따라서 자주 생략될 수 있는데, 이것은 주격조사, 목적격조사, 부사격조사, 연결조사 등이 생략된다.

비(가) 온다.

선생님(께서) 오신다.

물(을) 좀 주세요.

오늘(의) 신문(을) 봤어요?

학교(에) 가니?

이거(를) 할머니(께) 갖다드려.

💬 온다고 했어

이것은 인용을 나타내는 조사 '－고'와 '－하－' 실현된 것인데, 이 두 형태가 생략되어 '온다＋있어'가 축약되어 '온댔어'가 될 수 있다.

💬 시릴

이것은 '시리＋을'에서 '－리＋을'이 축약된 것이다.

💬 잘들 계실거야

복수접미사 '－들'은 체언에만 붙을 수 있는 것이 아니라 다른 단어들에도 결합할 수 있다. 이 경우에 '－들'은 주어가 복수임을 나타낸다.

어서들 와요 / 오세요 / 와.

(여기에서는 부사어 '어서'에 결합되었는데, '어서'에 복수의 뜻을 나타내는 것이 아니라 그 대상이 두 사람 이상임을 나타낸다.)

많이들 먹어. (먹는 사람이 두 사람 이상임을 나타낸다.)

더 배워 볼까요			
눈보라	목도리	군고구마	군밤
만두	얼음판	스키장	온천욕
연하장	송년회	연말연시	삼한사온
김장	동상	독감	연날리기
입김	방한복	내의(내복)	찜질방
겨울방학	폭설		

1 다음 격조사와 보조조사를 결합하여 말해 보세요.

−는	−도	−하고	−만	−께서	−한테	으로(써)

① 부모님들(　　　　　) 편안히 계실까?

② 그는 나(　　　　) 논다.

③ 그 선물을 학생들(　　　　) 주어라.

④ 이 약품을 실험용(　　　　) 사용할 수 있어요.

2 다음 격조사와 보조조사를 결합하여 말해 보세요.

−가	−만	−부터	−을

① 나는 너(　　　) 믿어.

② 여기(　　　) 서울이야.

3 다음 보조조사를 결합하여 말해 보세요.

① 오늘(　　　　) 입장이 허용됩니다. (−은, −만)

② 오후 5시(　　　　) 입장이 허용됩니다. (−은, −까지, −만)

4 다음 문장에서 조사를 생략해서 말해 보세요.

① 비가 온다. ⋯⋯➤

② 선생님께서 오신다. ⋯⋯➤

③ 물을 좀 주세요 ⋯⋯➤

④ 오늘 신문을 봤어요? ⋯⋯➤

⑤ 너는 오늘 공부를 했니? ⋯⋯▶

⑥ 바람이 불어요 ⋯⋯▶

⑦ 돈을 벌어요. ⋯⋯▶

⑧ 사람이 많다. ⋯⋯▶

5 다음 문장에서 격조사와 보조조사들을 알맞게 결합하여 말해 보세요.

① 할아버지(   ) 일찍 주무십니다. (－는, －께서, －가)

② 나(   ) 전화를 했어. (－을, －도, －보다, －한테)

③ 이 일은 너(   ) 해 낼 수 있어. (－이, －으로, －보다, －만)

④ 이 길(   ) 가세요 (－로, －을, －만, －께)

6 | 감기가 들었어요

어머니: 한솔아, 어디 아프니?

이한솔: 네, 감기가 들었어요. 몸도 쑤시고 기침도 나요.

어머니: 그럼 병원에 가야겠구나. 요즘에 감기가 아주 독하다더라.

이한솔: 걱정하지 마세요. 좀 쉬면 나을 거예요.

어머니: 아니다. 감기는 초기에 치료해야 해.

이한솔: 그런데, 오늘 학교에서 행사가 있어요.
　　　　내일 병원에 갈게요.

어머니: 걱정이구나. 푹 쉬어야 하는데.

이한솔: 네, 알았어요.

발음 Pronunciation

들었어요 [드러써요]

독하다더라 [도카다더라]

학교에서 [학꾜에서]

알았어요 [아라써요]

병원에 가야겠구나[병워네가야겓꾸나 / 병워네가야게꾸나]

걱정하지 [걱쩡아지]

갈게요 [갈께요]

어휘 vocabulary

감기	들다	쑤시다	병원
아주	독하다	쉬다	낫다
아니다	초기	치료	학교
행사	있다	내일	푹
알다			

시제법(時制法) ●●●

　　시제법은 언어내용 전달에서 시간과 관련을 맺는 문법 관념이다. 여기에는 현실법(現實法), 회상법(回想法), 완결법(完結法), 미정법(未定法) 등이 있다.

1. 현실법

　　현실법은 어떤 동작이나 상태가 지금 눈앞에서 나타나고 있는 것을 서술하는 시제법이다. 이것은 서술어가 동사일 때는 '-는다/ㄴ다'로 실현된다. 형용사인 경우와 명사에 '-이다'가 결합되는 경우에는 이것이 사용되지 않는다.

　　　　학생들이 책을 읽는다.
　　　　바람이 분다.
　　　　꽃이 아름답다.
　　　　지구는 둥글다.
　　　　이제 봄이다.

2. 회상법

　　회상법은 지난 일을 회상하면서 서술하는 시제법이다. 이것은 '-더-'로 실현된다.

　　　　학생들이 책을 읽더라.
　　　　바람이 불더라.
　　　　교실이 조용하더라.
　　　　한국은 봄이더라.

3. 완결법

　　완결법은 이미 끝난 일을 서술하는 시제법이다. 이것은 '-았/었-'으로 실현된다.

　　　　학생들이 책을 읽었다.

어제 친구하고 놀았다.

키가 작았다.

얼굴이 예뻤다.

4. 미정법

미정법은 아직 일어나지 않은 일, 또는 추측을 나타내며, 화자의 의도를 나타내는 시제법이다. 이것은 '-겠-'으로 실현된다.

나는 서울에 가겠다. (미정, 의도)

학생들이 책을 읽겠다. (추측)

내일은 바람이 불겠다. (미정)

교실이 조용하겠다. (추측)

한국은 봄이겠다. (추측)

현실법	-는다 / ㄴ다
회상법	-더-
완결법	-았 / 었-
미정법	-겠-

💬 가야겠구나

이것은 '당위(當爲)'를 뜻하는 '-아야 하-' 구성에서 '하-'가 생략된 것이다. 이렇게 되면 '가야 겠구나' 형식이 되는데, 여기서 문제는 '-겠-'이다. '-겠-'은 어절의 첫머리에 올 수 없으며, 반드시 앞의 어간이나 어미하고 결합을 해야 한다. 이런 규칙에 따라 '가야겠구나'의 형식이 된 것이다. 여기에서는 미정법의 '-겠-'은 '의도'를 나타낸다.

올 봄에는 꽃놀이를 가야겠구나. (← 가야 하겠구나)

감기약을 먹어야겠구나. (← 먹어야 하겠구나)

열심히 공부를 해야겠구나. (← 해야 하겠구나)

독하다더라

이것은 원래 '독하다고 하더라'인 인용의 말이 들어 있는 구성인데, '-고 하-'가 생략되어 축약된 것이다. 여기에서도 문제가 되는 것은 '-더-'이다. '독하다 더라'에서 '-더-'는 '-겠-'과 마찬가지로 어절의 첫머리에 올 수 없으며, 반드시 앞의 어간이나 어미하고 결합을 해야 한다. 이런 규칙에 따라 '독하다더라'의 형식이 된 것이다.

옷이 싸다더라. (←옷이 싸다고 하더라.)
반에서 일등을 했다더라. (←반에서 일등을 했다고 하더라.)
친구가 아프다더라. (←친구가 아프다고 하더라.)

걱정하지 마세요

이것은 금지를 뜻하는 '-지 말-'의 구성에서 'ㄹ'이 탈락된 것이다.

잔디밭에 들어가지 마세요.
복도에서 뛰지 마세요.
모임에 늦지 마세요.

좀 쉬면 나을 거예요

여기에서 '-면'은 조건을 뜻하는 연결어미다. 이 복합문은 앞의 선행절은 조건을 나타내며, 후행절은 결과를 나타낸다.

눈이 오면, 길이 미끄럽다.
봄이 오면, 꽃이 핀다.
밤이 되면, 별이 뜬다.

나을 거예요

이것은 원래 '낫을 것이에요'의 구성이다. '낫-'은 모음으로 시작하는 어미와 결합할 때 'ㅅ'이 탈락된다(ㅅ불규칙동사). 그리고 '-을 것-' 통사적 구성은 시제상으로 '-겠-'과 같은

미정법을 실현한다. 앞으로 감기가 치료될 것임을 추측하는 뜻을 가지고 있다. 이것은 의도
의 뜻을 가지기도 한다.

금방 올 거예요. (추측)

내일 서울에 갈 거예요. (의도)

기차가 곧 도착할 거예요. (추측)

│ 더 배워 볼까요 │

피로	피곤하다	건강하세요	영양제
좀 쉬세요	오래오래 사세요	보약	감기약
입맛이 없어요	기운이 없어요	휴식	과로

1 다음 문장의 시제를 바꿔 보세요.

학생들이 책을 읽다.

① 완결법 ·····➤

② 미정법 ·····➤

③ 현실법 ·····➤

④ 회상법 ·····➤

2 다음 문장의 시제를 바꿔 보세요.

바람이 불다.

① 미정법 ·····➤

② 회상법 ·····➤

③ 완결법 ·····➤

④ 현실법 ·····➤

3 다음 문장의 시제를 바꿔 보세요.

교실이 조용하다.

① 회상법 ·····➤

② 완결법 ·····➤

③ 현실법 ·····➤

④ 미정법 ·····➤

4 다음 문장의 시제를 바꿔 보세요.

한국은 봄이다.

① 현실법 ┄┄➤
② 회상법 ┄┄➤
③ 완결법 ┄┄➤
④ 미정법 ┄┄➤

5 다음 문장의 시제 형식을 바꿔 보세요.

① 내일 서울에 갈 거예요. ┄┄➤
② 일찍 일어날 거예요. ┄┄➤
③ 청소를 할 거예요. ┄┄➤
④ 그림을 그릴 거예요. ┄┄➤

7 | 공항에서

한 리: 야, 드디어 한국이네.

주웬웬: 바로 서울로 가야 해. 그런데, 어떻게 가지?

왕위에: 저기 안내소가 있네. 저기서 물어 보자.

주웬웬: 말씀 좀 묻겠습니다. 서울에 가려고 합니다. 어떻게 갑니까?

안내원: 네, 전철도 있고, 택시도 있고, 버스도 있습니다.

　　　　그런데, 택시는 비쌉니다. 서울 어디로 가십니까?

왕위에: 한국대학교입니다.

안내원: 아, 그럼 잘 되었습니다. 그 학교로 가는 버스가 있습니다.

　　　　한 시간마다 출발합니다. 버스요금도 쌉니다.

　　　　저쪽 5번 승강장에서 기다리십시오.

한 리: 여기서 얼마나 걸립니까?

안내원: 한 1시간 20분 정도 걸립니다.

주웬웬: 네, 고맙습니다. 수고하십시오.

발음 Pronunciation

어떻게 [어떠케]   묻겠습니다 [묻겓씁니다→묻껟씀니다 / 무께씀니다]

갑니까 [감니까]   있고 [읻고→읻꼬 / 이꼬]

있습니다 [읻씁니다→읻씀니다 / 이씀니다]   비쌉니다 [비쌈니다]

가십니까 [가심니까]   되었습니다 [되얻씀니다 / 되어씀니다]

한국대학교입니다[한국대악꾜임니다 / 한국대아꾜임니다]

출발합니다 [출바람니다]   걸립니까 [걸림니까]

어휘 vocabulary

드디어	바로	어떻게	저기
안내소	묻다	말씀	전철 / 지하철
택시	버스	비싸다	출발
버스요금	싸다	여기	얼마
걸리다	한('대략'의 뜻을 가진 관형사)		수고하다

문장 어미들의 결합 순서 ···

한국어의 특징은 조사와 어미가 발달한 첨가어이다. 특히 어미는 종류도 많고 그에 따라 수도 많다. 이들 어미는 그 의미도 모두 다를 뿐만 아니라, 결합 순서도 다르다. 어미에 대한 사용법을 잘 알아야 한국어를 정확하게 익힐 수가 있다.

어미는 서술어(동사, 형용사)의 어간에 결합하는데, 이것의 차례를 보이면 다음과 같다.

① 어간+(선어말어미)+종결어미

　일기를 씁니다. (←쓰+ㅂ니다)

　일기를 쓰십니다. (←쓰+시+ㅂ니다)

② 어간+(선어말어미)+연결어미

　일기를 쓰고서 잠을 잔다. (←쓰+고서)

　일기를 쓰시고서 주무신다. (←쓰+시+고서)

③ 어간+(선어말어미)+관형형어미

　일기를 쓴 날 (←쓰+은)

　일기를 쓰신 날 (←쓰+시+은)

여기서 주의해야 할 점은 선어말어미(先語末語尾)들의 결합 순서다. 선어말어미는 어간과 어미 사이에 오는 어미를 말하는데, 여기에는 주체높임법의 '-으시-'와 시제법의 '-았/었-, -겠-, -더-' 등이 있다. 이들 선어말어미들은 어간하고 결합하는 데 있어서 차례가 있다. 어간에 주체높임법이 먼저 결합한 다음에 시제법 어미들이 결합한다.

① 어간+주체높임법 어미(-으시-)+시제법 어미(-았/었, -겠-, -더-)

　선생님께서 오시었습니다. (←오+시+었+습니다)

　* 선생님께서 오었시습니다. (←오+었+시+습니다)

　선생님께서 오시더라. (←오+시+더+라)

　* 선생님께서 오더시라. (←오+더+시+라)

🗨 말씀 좀 묻겠습니다

이 문장은 일상생활에서 흔히 사용하는 표현이다. 처음 만나는 사람에게 길을 물을 때 쓰는 말이다. 여기에서 '좀'은 부사어 '조금'의 축약형이지만, 그 의미는 이와는 다르다. '좀'은 상대에게 무엇을 시키거나 청할 때 간곡한 뜻을 더하는 의미를 갖는다.

저 좀 도와 주세요.
내 부탁 좀 들어 줘.
제발 좀 나가 놀아라.

🗨 서울에 가려고 합니다

여기에서 '-으려고'는 의도를 나타내는 연결어미(連結語尾)다.

이제 막 가려고 해요.
공부를 하려고 해요.
등산을 하려고 해요.

🗨 한 1시간 20분 정도 걸립니다

여기에서 '한'은 '대략'의 뜻을 나타내는 관형사이다.

학생들이 한 500명쯤 될 거예요.
외국에서 한 열흘 동안 있을 거예요.
몸무게가 한 100kg은 될 거야.
생선 한 마리가 한 500원쯤은 될 겁니다.

┃ 더 배워 볼까요

입국장	통관절차	입국절차	세관검색대
면세점	세금	수속	신고하다
외국인	체류기간	입국	출국
여권	환전	여객기	신분증

1 다음 문장의 서술어를 완성해 보세요.

선생님께서 (었, 오다, 습니다, 시) ┄┄▶ 오시었습니다.

① 내일 (습니까, 겠, 시, 가다) ┄┄▶

② 어젯밤에 비가 (라, 오, 더) ┄┄▶

③ 말씀 좀 (겠, 습니다, 묻다) ┄┄▶

④ 하루 종일 책을 (요, 읽다, 어, 었) ┄┄▶

⑤ 전에는 수영을 (았, 하다, 습니다, 아) ┄┄▶

2 다음 물음에 답해 보세요.

① 여기서 얼마나 걸립니까? (2시간) ┄┄▶

② 여기서 얼마나 걸립니까? (30분) ┄┄▶

3 '좀'을 사용하여 말해 보세요.

① 도와 주세요. (좀) ┄┄▶

② 물 주세요. (좀) ┄┄▶

③ 김밥 드세요. (좀) ┄┄▶

④ 제발 나가 놀아라. (좀) ┄┄▶

⑤ 청소 해라. (좀) ┄┄▶

⑥ 내 말 들어 봐. (좀) ┄┄▶

⑦ 잠 자자. (좀) ┄┄▶

4 관형사 '한'을 사용하여 다음 물음에 답해 보세요.

① 집에 몇 시에 들어갔니? (7시쯤)

····➤

② 여기부터 거기까지 택시요금이 얼마 나오니? (3천 원 정도)

····➤

③ 중국에 언제 가니? (6월이나 7월쯤에)

····➤

④ 집에서 학교까지 얼마 걸리니? (30분 정도)

····➤

5 아래 보기처럼 '-으려고'를 사용하여 대답해 보세요.

> 어디 가세요? (친척집에 가다, -으려고, 하다, -아, -요)
> ····➤ 네, 친척집에 가려고 해요.

① 오늘 휴일인데, 뭐 하세요? (등산을 하다, -으려고, 하다, -아, -요)

····➤

② 용돈을 어디에 쓰려고 하니? (책을 사다, -으려고, 하다, -아, -요)

····➤

8 | 상점에서

주웬웬: 한리야, 우리 물건 사러 가자.

한 리: 그래. 그런데 무엇을 사려고?

주웬웬: 응, 비누와 화장지를 사려고.

한 리: 벌써 다 썼어?

주웬웬: 응, 여럿이 써서 그래.

한 리: 이번에는 많이 사자.

　　　참, 지금 할인판매 중이야.

주웬웬: 사람들이 엄청 많네.

　　　우선 구경 좀 하자.

한 리: 이 샴푸 좀 봐. 굵은 머리에 좋대.

너는 머리가 가늘지?

그러니까 다른 것이 좋겠다.

주웬웬: 샴푸는 아직 남았어. 나중에 사자.

한 리: 그럼 비누와 화장지를 고르자.

주웬웬: 와, 비누 종류가 많네.

오이비누도 있고, 우유비누도 있고, 살구비누도 있네.

나는 살구비누가 좋은데. 너는?

한 리: 나는 우유비누가 좋아.

주웬웬: 그럼 하나씩 사자.

화장지도 고르자.

한 리: 이거 어때? 아주 부드러워.

주웬웬: 값이 얼마지?

한 리: 한 개에 만원이야. 비싸지?

주웬웬: 그래, 비싸. 다른 것을 사자.

한 리: 저것은 어때?

값도 싸고 품질도 좋은 것 같은데.

주웬웬: 그래. 하나 사자.

 Pronunciation

할인판매 [하린판매]

많네 [만네]

좋겠다 [조캔다 → 조캔따 / 조캐따]

값이 [갑시 → 갑씨]

값도 [갑또]

여럿이 [여러시]

좋대 [조태]

남았어 [나마써]

만원 [마눤]

 vocabulary

물건	우리	사다	그런데
비누	화장지	벌써	여럿
참(感歎詞)	할인판매 중	엄청	우선
구경	샴푸	굵다	머리
가늘다	그러니까	다르다	아직
남다	나중	오이비누	우유비누
살구비누	고르다	부드럽다	값
얼마	비싸다	저것	

대명사(代名詞) ••

이것은 명사를 대신하여 쓰이는 단어들이다. 여기에는 인칭 대명사(人稱 代名詞)와 비인칭 대명사(非人稱 代名詞)가 있다. 인칭 대명사는 사람을 지시하는 데 쓰이는 대명사이다. 인칭 대명사에는 일인칭 대명사, 이인칭 대명사, 삼인칭 대명사, 그리고 부정칭 대명사가 있다.

1. 일인칭 대명사(一人稱 代名詞)

이것은 화자가 자기 자신을 가리키는 대명사로 여기에 '나(내), 우리, 저희' 등이 있다. '나(내)'는 단수를 나타낸다.

> 나는 축구를 했다.
> 우리는 축구를 했다. (複數)
> 저희는 축구를 했습니다. (複數, 낮춤↓)

2. 이인칭 대명사(二人稱 代名詞)

이것은 말을 듣는 상대방을 지시하는 대명사인데, 여기에 '너(네), 너희, 그대, 당신' 등이 있다.

> 너는 성실한 사람이야.
> 너희는 성실한 사람들이야. (複數)
> 그대는 성실한 사람입니다.
> 당신은 성실한 사람입니다.

3. 삼인칭 대명사(三人稱 代名詞)

이것은 화자와 청자 이외의 제삼의 인물을 지시하는 대명사인데, 화자와 청자 사이의 거리에 대한 화자의 판단에 따라 근칭(近稱), 중칭(中稱), 원칭(遠稱) 대명사로 세분된다. 근칭 대명사는 화자에 가까운 사람을 지시하는 대명사인데, 여기에는 '이들, 이이, 이분' 등이 있다. 중칭 대명사는 청자 가까이에 있는 사람을 지시하는 대명사인데, 여기에는 '그, 그들, 그이, 그녀, 그분' 등이 있다. 원칭 대명사는 화자나 청자로부터 비슷한 거리에 떨어져 있는 사람을 지시하는 대명사인데, 여기에는 '저들, 저이, 저분' 등이 있다.

① 근칭 대명사

이들이 할머니를 도와 드렸어요.

이이가 할머니를 도와 드렸어요.

이분이 할머니를 도와 드렸어요.

② 중칭 대명사

그가 왔다.

그들이 왔다.

그이가 왔다.

그분이 왔다.

그녀가 왔다. (그녀=女子)

③ 원칭 대명사

저들이 의사입니다.

저이가 의사입니다.

저분이 의사입니다.

4. 부정칭 대명사(否定稱 代名詞)

이것은 특별히 정해지지 않은 대상을 지시하는 대명사인데, 여기에 '누구, 아무' 등이 있다.

누구 없어요?

아무도 없어요.

〈인칭 대명사〉

종류		예
1인칭 대명사		나, 우리(複數), 저희(複數, 낮춤↓)
2인칭 대명사		너, 너희(複數), 그대, 당신
3인칭 대명사	近 稱	이들, 이이(이 사람), 이분(높임↑)
	中 稱	그, 그들, 그이(그 사람), 그분(높임↑), 그녀
	遠 稱	저들, 저이(저 사람), 저분(높임↑)
부정칭 대명사		누구, 아무

5. 비인칭 대명사(非人稱 代名詞)

이것은 의미 특성에 따라 사물 대명사(事物 代名詞)와 처소 대명사(處所 代名詞)로 나뉜다. 사물 대명사는 사물을 지시하는 대명사이고, 처소 대명사는 장소를 지시하는 대명사이다. 이것도 인칭 대명사와 같이 근칭, 중칭, 원칭 대명사로 세분되며, 이들 모두 부정칭 대명사도 갖고 있다.

〈비인칭 대명사〉

종류		예
사물 대명사	近　　稱	이것, 요것('이것'을 얕잡음)
	中　　稱	그것, 고것('그것'을 얕잡음)
	遠　　稱	저것, 조것('저것'을 얕잡음)
	否 定 稱	아무것, 어느 것, 무엇
장소 대명사	近　　稱	여기(이리), 요기
	中　　稱	거기(그리), 고기
	遠　　稱	저기(저리), 조기
	否 定 稱	아무데, 어디

① 사물 대명사

　이것 / 그것 / 저것이 다이아몬드야.

　아무것도 없어요.

　어느 것이 무거울까?

　무엇이 다른가?

② 장소 대명사

　여기 / 거기 / 저기에 좀 앉아요.

　아무데나 / 어디에 좀 앉아요.

지금까지 대명사에 대해 살펴보았는데, 3인칭 대명사, 사물 대명사, 장소 대명사의 경우 近稱·中稱·遠稱으로 분류되며, '이, 그, 저'가 공통적으로 쓰임을 알 수 있다. '이, 그, 저'는 지시 대상(사람·사물·장소)과 화자·청자하고의 거리 관계를 나타낸다. 즉, '이'는 화자하고 가까운 대상을 지시하고, '그'는 청자하고 가까운 대상을 지시하고, '저'는 화자·청자로부터 멀리 떨어져 있는 대상을 지시한다.

이것을 그림으로 보이면 다음과 같다.

① '이'(近稱)

話者	對象				聽者

② '그'(中稱)

話者				對象	聽者

③ '저'(遠稱)

話者·聽者					對象

🗨 사려고? / 사려고.

이것은 '사려고 해?' 형식에서 '해'를 생략하면서 의문문을 만든 것이다. 이에 따라 문말의 억양은 높아진 것이다(↗). '사려고'도 '사려고 해'의 형식에서 '해'를 생략한 것인데, 이것은 서술문이기 때문에 문말의 억양을 내린다(↘).

한　리: 그래, 그런데 무엇을 사려고?(↗)
주웬웬: 응, 비누와 화장지를 사려고(↘)

🗨 할인판매 중이야

이것은 '할인판매를 하는 중이야.'의 형식에서 '-을/를 하는'는 생략한 표현이다. 일상생활에서 이러한 표현이 많이 쓰인다. 이 경우 '중'은 '진행'을 나타낸다.

공사 중, 식사 중, 회의 중, 수술 중, 근무 중, 생각 중, 배달 중
처리 중, 검토 중, 면회 중, 귀국 중, 면담 중, 공연 중, 협상 중

💬 좋대

이것은 '좋다고 해'에서 인용의 특수조사인 '-고 하-'를 생략하고 그 나머지를 축약한
표현이다.

　　　오늘 <u>온대</u>. (←온다고 해.)
　　　지금 <u>공부한대</u>. (←공부한다고 해.)
　　　바람이 <u>분대</u>. (←분다고 해.)
　　　꽃이 <u>핀대</u>. (←핀다고 해.)

💬 좋은 것 같은데

이것은 '-은/는 것 같-'의 구성으로 일이나 현상에 대한 화자의 추측을 나타낸다.

　　　도서관에 가는 것 같은데.
　　　친구를 만나는 것 같은데.
　　　바람이 부는 것 같은데.
　　　추운 것 같은데.
　　　더운 것 같은데.

더 배워 볼까요			
영수증	장바구니	계산대 / 계산하는 곳	점원
친절하다	깎다	정육점	잡화
현금영수증	카드	주차장	일시불
덤	품질	가격	물량
재고품	신상품		

1 다음 보기와 같이 대명사를 바꾸어 보세요.

> 나는 축구를 했다.
> ① 일인칭 복수 ·····➤ 우리는 축구를 했다.
> ② 일인칭 복수, 낮춤 ·····➤ 저희는 축구를 했어요 / 했습니다.

우리는 행복해요.
① 일인칭 단수, 낮춤 ·····➤
② 일인칭 복수, 낮춤 ·····➤

2 다음 보기와 같이 대명사를 바꾸어 보세요.

> 그대는 훌륭한 과학자입니다.
> ① 이인칭 단수 ·····➤ 너는 / 당신은 훌륭한 과학자다.
> ② 이인칭 복수 ·····➤ 너희는 훌륭한 과학자다.

당신은 누구입니까?
① 이인칭 복수 ·····➤
② 이인칭 단수 ·····➤

3 다음 보기의 내용에서 대명사를 여러 형태로 바꾸어 말해 보세요.

> 이들   저분   그들   이이   그분   저이   이분   그이   저들

① 제가 할머니를 도와 드렸어요.
• 3인칭 근칭 대명사 ·····➤
• 3인칭 근칭 대명사 ·····➤
• 3인칭 근칭 대명사 ·····➤

② 저는 운전을 해요

- 3인칭 중칭 대명사 ‥‥➤
- 3인칭 중칭 대명사 ‥‥➤
- 3인칭 중칭 대명사 ‥‥➤

③ 저는 그 사실을 몰랐어요.

- 3인칭 원칭 대명사 ‥‥➤
- 3인칭 원칭 대명사 ‥‥➤
- 3인칭 원칭 대명사 ‥‥➤

4 다음 보기의 내용에서 대명사를 여러 형태로 바꾸어 말해 보세요.

이것	저기	그것	여기	저것	거기

① 사과를 주세요.

- 사물 대명사 근칭 ‥‥➤
- 사물 대명사 중칭 ‥‥➤
- 사물 대명사 원칭 ‥‥➤

② 그늘에서 놀자.

- 장소 대명사 근칭 ‥‥➤
- 장소 대명사 중칭 ‥‥➤
- 장소 대명사 원칭 ‥‥➤

5 다음 문장의 인칭 대명사를 부정칭 대명사로 바꾸어 말해 보세요.

무엇	어디	누구

① 너희들이 노래를 잘 해? (부정칭 인칭 대명사) ‥‥➤
② 생선이 쌉니까? (부정칭 사물 대명사) ‥‥➤
③ 서울에 왔어요? (부정칭 장소 대명사) ‥‥➤

9 | 음악회 가는 날

왕위에: 지금 몇 시지? 아니, 벌써 여섯 시 반이잖아.
　　　　한리야, 음악회 몇 시에 시작하지?

한　리: 응, 7시에 시작한다고 했어. 서두르자.

왕위에: 그런데 주웬웬이 안 보이네.

한　리: 응, 방에서 옷을 입고 있어. 곧 나올 거야.

왕위에: 서둘러야 해. 늦겠다.

한　리: 저기 온다.

왕위에: 주웬웬, 빨리 와.

주웬웬: 미안해. 새 옷을 입어 보느라고 늦었어.
　　　　다음부터는 늦지 않을게.

한　리: 우리 무엇을 타고 갈까?
　　　　버스로 갈까? 지하철로 갈까?

왕위에: 지금 퇴근 시간이야. 그래서 길이 막혀 버렸어. 지하철로 가자.

주웬웬: 그래, 지하철로 가자.

Pronunciation

몇 시지 [멷시지 → 멷씨지 / 며씨지]

시작한다고 [시자칸다고]

곧 나올 거야 [곤나올꺼야]

늦지 않을게 [늗찌아늘게 / 느찌아늘께]

음악회 [으마쾨]

옷을 입고 있어 [오슬입꼬이써]

늦겠다 [늗겓다 → 늗껟따 / 느께따]

막혀 [마켜]

vocabulary

음악회	시작하다	서두르다	안 / 아니
보이다	방	입다	곧
늦다	빨리	미안하다	버스
퇴근	길	막히다	

보조용언(補助用言) ....

　　서술어는 자립성에 따라 본용언과 보조용언으로 분류된다. 본용언은 다른 서술어에 의지하지 않고도 그 뜻을 분명히 나타낼 수 있으나, 보조용언은 본용언에 의지하여야 그 뜻이 분명해진다. 특히 이 경우 보조용언은 단어 본래의 의미가 아니라 다른 뜻을 나타낸다는 점에 유의해야 한다. 본용언은 본의미(本意味)를 나타내고, 보조용언은 보조의미(補助意味)를 나타낸다. 예를 들어, '옷을 입어 보았다'에서 '입다'는 본래의 뜻인 '着用'을 나타내지만, '보다'는 '눈으로 사물을 알다(見)'는 뜻이 아니라 '시도(試圖)'의 뜻을 나타낸다. 한편, 주체높임법 어미인 '-시-'와 시제법 어미인 '-았/었-, -겠-, -더-' 등은 본용언에는 결합할 수 없고 보조용언에 결합할 수 있다.

　　　　어머니는 옷을 입어 보시었다.
　　　　* 어머니는 옷을 입었어/ 입으시어 보았다.

　　보조용언에는 '있다, 하다, 지다, 되다, 가다, 오다, 내다, 버리다, 주다, 드리다, 보다, 대다, 두다, 가지다, 않(아니)다, 못하다, 싶다' 등이 있다.

① 있다
'-어'에 이어지면 '완료'를 나타내고, '-고'에 이어지면 '지속'을 나타낸다.

　　　　눈이 쌓여 있다. (完了)
　　　　옷을 입고 있다. (持續)

② 하다
이것은 여러 형식에 붙는데, 그 모습에 따라 뜻이 달라진다.

　　　　아이들을 놀게 하였다. (使動)
　　　　이제 말하려 합니다. (意圖)
　　　　오늘까지 일을 해야 한다. (義務)

③ 지다

'-어'에 이어지며, '피동'과 '저절로 됨'의 뜻을 나타낸다.

글씨가 잘 쓰여진다. (被動)
날씨가 추워진다. (저절로 됨)

④ 되다

'-게'에 이어지며, '할 수 있음'을 나타낸다.

형은 운전을 하게 되었다.
동생은 피아노 연주를 하게 되었다.

⑤ 가다

'-어'에 이어지며, '진행'을 나타낸다.

밤이 깊어 갑니다.
과일이 익어 갑니다.

⑥ 오다

'-어'에 이어지며, '과거에서 현재까지 나아옴(累積)'을 나타낸다.

그는 혼자서 일을 해 온다.
3년 전부터 시험 준비를 해 왔다.

⑦ 내다

'-어'에 이어지며, '끝남(完了)'을 나타낸다.

어려운 일을 잘 극복해 냈다.
어머니는 병을 이겨 내셨다.

⑧ 버리다

'-어'에 이어지며, '끝남(完了)'을 나타낸다.

감자가 썩어 버렸다.

길이 막혀 버렸다.

⑨ 주다

'-어'에 이어지며, '봉사(奉仕)'를 나타낸다.

일요일마다 이웃을 도와 준다.

그 의사는 환자들을 잘 보살펴 준다.

⑩ 드리다

'-어'에 이어지며, '봉사(奉仕)'를 나타내는데, 그 대상을 높이는 뜻이 있다.

할머니를 도와 드렸어요.

빨래를 해 드렸어요.

⑪ 보다

'-어'에 붙으며, '시도(試圖)'를 나타낸다.

식초를 먹어 보았어.

⑫ 아니하다(않다)

'-지'에 이어지며, '하지 않음'을 나타낸다.

아이가 잠을 자지 않아요.

개가 짖지 않았다.

⑬ 못하다

'-지'에 이어지며, '불가능(不可能)'을 나타낸다.

감기 때문에 학교에 가지 못했어.

바빠서 친구를 만나지 못했어.

⑭ 싶다

'-고'에 이어지며, '희망(希望)'을 나타낸다.

    저 옷을 사고 싶어요.
    친구를 보고 싶어요

지금까지 보조용언의 의미 기능에 대해 살펴보았는데, 이것을 정리하면 다음과 같다.

보조용언	선행 연결어미	의미
있다	-어, -고	完了, 持續
하다	-게, -어	使動, 意圖, 義務
지다	-어	被動, 저절로 됨
되다	-게	할 수 있음
가다	-어	進行
오다	-어	累積
내다	-어	完了
버리다	-어	完了
주다	-어	奉仕
드리다	-어	奉仕(대상을 높임↑)
보다	-어	試圖
아니하다(않다)	-지	하지 않음
못하다	-지	不可能
싶다	-고	希望

더 배워 볼까요

입장	공중예절	공공장소	지정좌석
앙코르	박수	예매	성악가
가곡	질서	조용히 하십시오	
휴대전화를 끄십시오			

1 다음 예문처럼 본용언과 보조용언을 연결하여 보세요.

① 눈이 쌓이다, 있다. (완료) ⋯⋯▶

② 옷을 입다, 있다. (지속) ⋯⋯▶

③ 책을 읽다, 하였다. (사동) ⋯⋯▶

④ 이제 말하다, 합니다. (의도) ⋯⋯▶

⑤ 오늘까지 일을 하다, 한다. (의무) ⋯⋯▶

⑥ 글씨가 잘 쓰다, 진다. (피동) ⋯⋯▶

⑦ 날씨가 춥다, 진다. (저절로 됨) ⋯⋯▶

⑧ 형은 운전을 하다, 되었다. (할 수 있음) ⋯⋯▶

⑨ 밤이 깊다, 간다. (진행) ⋯⋯▶

2 다음 의미에 맞는 보조용언을 고르세요.

| 보았어요 | 싶어요 | 못했다 | 온다 | 준다 | 버렸다 | 않아요 |

① 그는 혼자서 일을 해 (   ). 累積

② 길이 막혀 (   ). 完了

③ 그 의사는 환자를 잘 보살펴 (   ). 奉仕

④ 구두를 신어 (   ). 試圖

⑤ 아이가 잠을 자지 (   ). 하지 않음

⑥ 감기 때문에 학교에 가지 (   ). 不可能

⑦ 친구가 너무 보고 (   ). 希望

3 다음 예와 같이 서술어를 완성해 보세요.

① 아이가 잠을 자다, 있다, -었-, -다.

⋯⋯▶

② 저도 운전을 하다, 보다, -겠-, -어, -요

⋯⋯▶

③ 얼음이 녹다, 버리다, -었-, -다.

⋯⋯▶

④ 오늘은 영화를 보다, 싶다, -었-, -습니다.

⋯⋯▶

⑤ 벌써 한 학기가 끝나다, 가다, -네, -요.

⋯⋯▶

⑥ 오늘은 덥다, 않다, -았-, -어.

⋯⋯▶

⑦ 선생님은 저희들을 잘 가르치다, 주다, -시-, -었-, -습니다.

⋯⋯▶

⑧ 시험 때문에 놀다, 못하다, -아, -요

⋯⋯▶

4 아래 보기와 같이 보조용언을 바꾸어 말해 보세요.

구두를 신어 보았다. (사동) ⋯⋯▶ 구두를 신게 하였다.

① 옷을 입고 있다. (시도) ⋯⋯▶
② 형은 운전을 하게 되었다. (누적) ⋯⋯▶

5 아래 보기처럼 문장을 부정문으로 바꿔 보세요.

아이가 잠을 잔다. ⋯⋯▶ 아이가 잠을 자지 않는다.

① 비가 온다. ⋯⋯▶
② 전공과목이 어렵다. ⋯⋯▶
③ 김치가 맵다. ⋯⋯▶

10 | 기분이 좋아요

아버지: 한솔아, 너 오늘 무슨 일 있니? 아침부터 싱글벙글 웃더라.

이한솔: 네? 제가 그렇게 웃었어요?

아버지: 그럼, 얼굴 표정은 감출 수 없지. 무슨 일이니? 좋은 일이지?

이한솔: 네, 사실은 제가 이번에 장학금을 받게 되었어요.
　　　　죄송해요. 진작 말씀을 드렸어야 했는데.

아버지: 아니다. 정말 잘 했다. 우리 아들 대견하구나.
　　　　대학 공부가 얼마나 힘든 것인데.

이한솔: 지난 시험에서 한 과목을 잘 못 봤거든요.
　　　　그래서 안 되는 줄 알았어요.

아버지: 최선을 다하는 만큼 좋은 결과가 있단다.
　　　　너도 최선을 다한 거야.
　　　　아마도 장학금을 받을 때가 기분이 제일 좋을 거다.

이한솔: 네, 그래요. 기분이 좋아요.

발음 Pronunciation

웃더라 [욷더라 → 욷떠라 / 우떠라]   그렇게 [그러케]

웃었어요 [우서써요]   감출 수 없지 [감출쑤업찌]

무슨 일이니 [무슨닐이니]   장학금 [장악끔]

받게 되었어요 [받께되어써요 / 바께되어써요]   했는데 [핻는데 → 핸는데]

했다 [핻다 → 핻따 / 해따]   것인데 [거신데]

못 봤거든요 [몯봗거든요 → 몯뽣꺼든요 / 모빠꺼든요]

어휘 vocabulary

싱글벙글	웃다	표정	감추다
수(불완전 명사)	무슨	사실	이번
장학금	받다	죄송하다	진작
정말	잘(부사)	아들	대견하다
대학공부	얼마나	힘들다	것(불완전 명사)
지난	시험	과목	보다
줄(불완전 명사)	최선	다하다	만큼
좋다	결과	아마도	받다
때	기분	제일	

불완전 명사(不完全名詞) ∙∙

이것은 홀로는 쓰이지 못하고, 반드시 관형어의 선행을 필수 조건으로 쓰이는 명사이다. 여기에는 '것, 줄, 수, 체 / 척, 채, 무렵, 리, 바람, 데, 뿐, 김, 법, 뻔, 지, 대로' 등이 있다. 이들 명사의 통사·의미적 특성은 다음과 같다.

① 것

이것은 관형형 어미 '−은, −는, −을'이나 관형사, 그리고 연결조사 '−의' 등을 선행시킨다. 이것은 '물건, 일, 현상, 사람, 동물, 식물, 소리, 상태' 등의 의미도 나타낸다. 추상성이 아주 높은 명사로 그 쓰임이 매우 빈번하다.

> 오늘은 먹을 것이 없네요. (음식)
> 바람에 쓰러진 것이 옥수수다. (식물)
> 내가 돕지 못하는 것이 안타깝다. (상황)
> 나의 것을 남의 것과 바꾸었다. (물건)
> 그런 것을 배탈이라고 한다. (현상)
> 아니, 이게(이것이) 누구야? (사람)
> 아기가 웃는 것이 정말로 예쁘다. (모습)
> 포근한 것이 솜과 같다. (상태)

② 줄

이것은 관형사형 어미 '−은, −는, −을'을 선행시키며, '사실, 방법' 등의 의미를 나타낸다.

> 눈이 온 줄을 몰랐어요. (사실)
> 김치를 만들 줄을 몰라요. (방법)

③ 수

이것은 관형사형 어미 '−는, −을'을 선행시키며, '방법, 능력, 가능성' 등의 의미를 나타낸다.

> 잠을 잘 수가 없어요. (방법)
> 그 문제는 누구나 해결할 수 있어. (능력)

강의가 취소될 수 있습니다. (가능성)

④ 체 / 척

이것은 관형사형 어미 '-은, -는'을 선행시키며, 의미로는 '거짓으로 꾸민 모습이나 태도'를 나타낸다.

왜 그 사람을 모른 체 / 척 했니?
잠을 자는 체 / 척 했어.

⑤ 채

이것은 관형사형 어미 '-은'만을 선행시키며, 의미로는 '어떠한 상태 그대로'를 나타낸다.

옷을 입은 채로 잤다.
모자를 쓴 채로 교실에 들어갔다.

⑥ 무렵

이것은 관형사형 어미 '-을'을 선행시키며, 의미로는 '어떤 때의 부근'을 나타낸다.

해가 질 무렵이었다.
여름방학이 끝날 무렵이었다.

⑦ 리

이것은 관형사형 어미 '-을'만을 선행시키며, 의미로는 '어떤 이유'를 나타낸다.

말을 잘못 들을 리가 없어요.
그럴 리가 있나요?

⑧ 바람

이것은 관형사형 어미 '-은, -는'을 선행시키며, 의미로는 '어떤 탓'을 나타낸다.

비가 오는 바람에 행사가 취소되었다.
정신없이 이야기 하는 바람에 시간이 가는 줄도 몰랐다.

⑨ 데

이것은 관형사형 어미 '-은, -는, -을'을 선행시키며, 의미로는 '장소, 일'을 나타낸다.

　　가방을 잃어버린 데가 어디니?
　　그 학생은 그림을 그리는 데 소질이 뛰어납니다.
　　휴일에 갈 데가 있어야죠.

⑩ 뿐

이것은 관형사형 어미 '-을'을 선행시키며, 의미로는 '오직 그것만'을 나타낸다.

　　놀이터에는 아이들만이 있을 뿐이었다.
　　개는 짖기만 할 뿐이었어요.

⑪ 김

이것은 관형사형 어미 '-은, -는'을 선행시키며, 의미로는 '기회'를 나타낸다.

　　여행을 간 김에 친척을 만났습니다.
　　돈이 있는 김에 세탁기를 샀어.

⑫ 뻔

이것은 관형사형 어미 '-을'만을 선행시키며, 의미로는 '과거에 일어날 수 있었으나 그렇게 되지 않았음'을 나타낸다.

　　안개 때문에 사고가 날 뻔 했어.
　　연속극이 너무 슬퍼서 눈물을 흘릴 뻔 했어.

⑬ 지

이것은 관형사형 어미 '-은'만을 선행시키며, 의미로는 '시간의 경과'를 나타낸다.

　　한국에 온 지 일 년이 되었다.
　　영화를 시작한 지 두 시간이 넘었다.

⑭ 대로

이것은 관형사형 어미 '-은, -는, -을'을 선행시키며, 의미로는 '어떤 모양을 유지함'을 나타낸다.

　　　본 대로, 들은 대로, 느낀 대로 써 보세요.
　　　생각나는 대로 말해 보세요.
　　　그 일은 될 대로 되겠지.

지금까지 살펴본 불완전 명사를 정리하면 다음과 같다.

종류	선행 관형사형 어미	의 미
것	-은, -는, -을, 연결조사 -의	물건, 일, 현상, 사람, 동물, 식물, 상태
줄	-은, -는, -을	사실, 방법
수	-는, -을	방법, 능력, 가능성
체 / 척	-은, -는	거짓으로 꾸민 모습
채	-은	어떠한 상태 그대로
무렵	-을	어떤 때의 부근
리	-을	어떤 이유
바람	-은, -는	어떤 탓
데	-은, -는, -을	장소, 일
뿐	-을	오직 그것만
김	-은, -는	기회
뻔	-을	과거에 일어날 수 있었으나 그렇게 되지 않았음
지	-은	시간의 경과
대로	-은, -는, -을	어떤 모양을 유지함

💬 결과가 있단다

이것은 '결과가 있다고 한다'에서 인용격 표지인 '-고 하-'가 생략되어 만들어진 축약 형식이다. '있다 ㄴ다→있단다'

　　　이것이 그렇게 좋단다(←좋다고 한다).

열심히 노력해야 한단다(← 한다고 한다).

🗨 최선을 다한 거야, 좋을 거다

　여기에서 '거야'와 '거다'는 모두 불완전 명사 '것'에서 받침 'ㅅ'이 탈락되어 이루어진 형식이다. 이것은 원래 '것이야'와 '것이다'인데, 전자는 '것이야 → 거이야 → 거야'로 변한 것이고, 후자는 '것이다 → 거이다 → 거다'로 변한 것이다.

　　너는 무엇을 먹을 거니(← 것이니)?
　　나는 집에 있을 거야(← 것이야).

┃ 더 배워 볼까요 ┃

배울 것	먹을 것	볼 것	탈 것
마실 것	입을 것	이것	그것
저것	작은 것	큰 것	하얀 것
노란 것	검은 것	남의 것	너의 것(네 것)
당신의 것(당신 것)	우리의 것(우리 것)		

1 다음 보기에서 적합한 불완전 명사를 골라 넣으세요.

김   리   채   바람   것   대로   줄   무렵

① 여기에서는 배울 (   )이 너무 많아요.

② 밤새 비가 온 (   )을 몰랐어요.

③ 겨울방학이 끝날 (   )이었다.

④ 절대로 그럴 (   )가 없어요.

⑤ 신발을 신은 (   )로 방에 들어갔다.

⑥ 생각 나는 (   ) 말해 봐.

2 다음 보기에서 적합한 불완전 명사를 골라 넣으세요.

것   데   수   바람   리   뻔   김   채   체/척   지

① 늦잠을 자는 (   )에 지각을 했어.

② 서울에 온 (   ) 세 달이 되었어요.

③ 알면서도 모른 (   ) 했다.

④ 차가 너무 뜨거워서 마실 (   ) 없어요.

⑤ 밤이라서 길을 잃을 (   ) 했습니다.

⑥ 제주도에 간 (   )에 감귤을 샀다.

⑦ 친구들을 만나는 (   )가 어디니?

3 다음 보기에서 (   ) 안에 공통으로 들어갈 불완전 명사를 골라 써 넣으세요.

채   바람   체/척   뻔   줄   리   것   무렵   대로

① 나의 (   )이 너의 (   )보다 크다.
② 오늘은 먹을 (   )이 없네요.
③ 바람에 쓰러진 (   )이 옥수수다.
④ 내가 돕지 못하는 (   )이 안타깝다.
⑤ 그런 (   )을 배탈이라고 한다.
⑥ 아기가 웃는 (   )이 정말로 예쁘다.
⑦ 포근한 (   )이 솜과 같다.

4 아래 보기처럼 불완전명사에 선행하는 관형형어미를 써 넣으세요.

옷을 입(   ) 채 잤다. ⋯⋯▶ 옷을 입은 채 잤다.

① 한국에 오(   ) 지 2년이 되었어요 ⋯⋯▶
② 차 타(   ) 데가 어디죠? ⋯⋯▶
③ 늦잠을 자서, 학교에 늦(   ) 뻔 했어. ⋯⋯▶

5 아래 보기처럼 관형어미를 바꾸어서 말해 보세요.

친구가 온 줄도 몰랐어. (−는)
⋯⋯▶ 친구가 오는 줄을 몰랐어. (−을)
⋯⋯▶ 친구가 올 줄을 몰랐어.

① 행사가 연기될 수가 있다. (−는)
⋯⋯▶

② 물건을 싸게 팔아서, 남는 것이 없어요 (−을)
⋯⋯▶

11 | 도서관에서

주웬웬: 한리야, 너도 도서관에 왔니?

한 리: 응, 책 좀 보러 왔어. 너는?

주웬웬: 응, 나도 책 좀 보려고. 다음 주까지 과제물을 제출해야 되거든.

한 리: 어떤 책을 보려고?

주웬웬: 응, 경영학 책을 보려고. 그런데, 그 책이 없나 봐.

한 리: 그러면 직원한테 물어 보자.

주웬웬: 그래.

주웬웬: 이런 책을 빌리려고 하는데, 지금 대출 중인가요?

직 원: 네, 확인해 보겠습니다. 아, 지금 그 책이 대출 중이네요. 내일이 반납일이에요.

주웬웬: 이 책은 한 권밖에 없나요?

직 원: 네, 한 권밖에 없어요. 요즘 이 책을 보러 오는 학생들이 많아요.
　　　 시험을 보나요?

주웬웬: 아니요. 과제물이 있거든요.

직 원: 내일 오후에 오세요.

주웬웬: 네, 알겠습니다.

왔니 [왇니→완니]　　　　　　　책 좀 [책쫌]

없나 [업나→엄나]　　　　　　　확인해 [화기내]

없어요 [업써요]　　　　　　　　많아요 [마나요]

알겠습니다 [알겓씀니다 / 알게씀니다]

어휘 vocabulary

도서관	책	보다	다음 주
과제물	제출	어떠하다	경영학
그런데	없다	그러면	직원
묻다	이러한	빌리다	지금
대출	내일	반납일	한 권
많다	시험	내일	오후

관형 구성(冠形構成) ·····································

한국어에서 '새, 헌, 어느, 이, 그, 저'와 같은 관형사는 명사 앞에 와서 그 명사를 한정한다.

> 새 집을 지었다.
> 헌 책을 팔았다.
> 어느 날이었습니다.
> 이 / 그 / 저 꽃을 보세요.

그런데 이와는 달리 서술어가 관형형 어미 '-은, -던, -는, -을'과 결합하여 관형 구성을 이루기도 한다. 이럴 경우 이들 어미는 시제를 나타내어 과거, 현재, 미래를 보여 준다.

1. 동사일 경우

동사는 이들 관형형 어미와 자유롭게 결합할 수 있다.

> 내가 길을 간다.
> ① 내가 간 길(←가+은, 과거)
> ② 내가 가던 길(←가+던, 과거)
> ③ 내가 가는 길(←가+는, 현재)
> ④ 내가 갈 길(←가+을, 미래)

2. 형용사일 경우

형용사와 체언에 서술격 조사 '-이다'가 붙은 경우에는 이들 관형형 어미하고 결합하는 데 제약을 받는다. 형용사는 이들 관형형 어미 가운데 '-는'과 결합하는 데 제약을 받는다.

> 꽃이 아름답다.
> ① 아름다운 꽃(←아름답+은, 현재)
> ② 아름답던 꽃(←아름답+던, 과거)
> ③ *아름답는 꽃

④ 아름다울 꽃(←아름답+을, 미래)

나는 회장이다.
① 회장인 나(←회장이+은, 현재)
② 학생이던 (←회장이+던, 과거)
③ * 회장이는 나
④ 회장일 나(←회장이+을, 미래)

3. 서술어와 관형사형 어미의 결합

서술어	관형사형 어미	시제
동사	–은	과거
	–던	과거
	–는	현재
	–을	미래
형용사	–은	과거
	–던	과거
	–을	미래

💬 **어떤 책** : '어떠하+은 책 → 어떠+은 책 → 어떤 책'

이것은 '책이 어떠하다'의 문장에서 형용사 '어떠하다'에 관형사형 어미 '−은'이 결합하여 이루어진 관형 구성이다.

책이 비싸다.
비싼 책(비싸다+은 책 → 비싸+은 책 → 비싼 책)

💬 **그 책이 없나 봐**

이것은 본용언인 '없다'에 연결어미 '−나'가 결합한 다음에 보조용언 '보다'가 연결된 서술 구성인데, 이 경우 '보다'는 '추측'의 뜻을 나타낸다.

밤이 깊었나 봐.

친구가 입원을 했나 봐.

벌써 방학을 했나 봐.

지진이 났나 봐.

💬 물어 보자

이것은 '묻다(質問)'에 모음으로 시작하는 어미가 결합할 경우에 '묻'의 받침 'ㄷ'이 'ㄹ'로 바뀌는 불규칙 활용의 예이다. 이 경우 바뀐 소리로 표기를 한다. 이와 같은 예에 속하는 것으로 '걷다(步), 듣다(聽), 싣다(載)' 등이 있다.

빨리 걸어라. (걷+어라)

내 말을 잘 들어. (듣+어)

물건을 차에 실어. (싣+어)

그러나 '걷다(收), 닫다(閉), 묻다(埋), 믿다(信)'와 같은 용언들은 이러한 불규칙 활용이 적용되지 않는다.

빨래를 걷어라.

문 좀 닫아 주세요

쓰레기를 땅에 묻었다.

내 말을 믿어.

┃ 더 배워 볼까요 ┃

열람실	대출	반납	검색
학생증	자료실	휴관	신청
권장도서	도서명	시청각실	전자책

〈도서분류 번호〉

000 : 총류	100 : 철학	200 : 종교	300 : 사회	400 : 순수과학
500 : 응용과학	600 : 예술	700 : 언어	800 : 문학	900 : 역사

1 다음 문장을 보기처럼 관형 구성으로 만들어 보세요.

> 말씨가 부드럽다. (－은 말씨)
> ‥‥▶ 부드럽다 말씨
> ‥‥▶ 부드럽+은 말씨
> ‥‥▶ 부드러운 말씨

① 사람이 상냥하다. (－은 사람)

‥‥▶

‥‥▶

‥‥▶

② 꽃이 아름답다. (－은 꽃)

‥‥▶

‥‥▶

‥‥▶

③ 한국 생활이 행복하다. (－은 한국 생활)

‥‥▶

‥‥▶

‥‥▶

④ 날씨가 따뜻하다. (－은 날씨)

‥‥▶

‥‥▶

‥‥▶

2 다음 문장을 보기처럼 관형 구성으로 만들어 보세요.

　　서점에서 어제 책을 샀다. (-던 서점)

　　　····➤　어제 책을 샀다 서점

　　　····➤　어제 책을 샀+던 서점

　　　····➤　어제 책을 샀던 서점

① 어머니께서 음식을 맛있게 해 주셨다. (-은 음식)

　····➤

　····➤

　····➤

② 아침부터 도서관에서 학생들이 책을 본다. (-는 학생들)

　····➤

　····➤

　····➤

3 다음 용언들을 활용하여 보세요.

① 빨리 걷다(步)+어라 ····➤

② 문을 닫다(閉)+어 ····➤

③ 내 말을 잘 듣다(聽)+어라 ····➤

④ 내 말을 믿다(信)+어 ····➤

4 아래 보기에서 알맞은 관형어미를 골라 (　　) 안에 넣고 문장을 완성하세요.

　　-던　　　　　　　-은　　　　　　　-는　　　　　　　-을

① 비싸(　　　　) 옷을 어떻게 사니? (현재)

　비싸(　　　　) 옷이 요즘에는 싸졌다. (과거 회상)

② 내가 살(　　　　) 고향이 많이 변했다. (과거)

　내가 살(　　　　) 고향이 많이 변했다. (현재)

③ 회사를 함께 운영하(   ) 사람을 찾고 있어요. (미래)

　 회사를 함께 운영하(   ) 사람을 찾고 있어요. (과거)

5 아래 보기처럼 '추측'을 뜻하는 보조용언 '보다'를 사용하여 말해 보세요.

> 학생들이 지각을 했다. (보다, -아) ‥‥▶ 학생들이 지각을 했나 봐.

① 날이 밝았다. (보다, -아) ‥‥▶

② 호수가 깊다. (보다, -아, -요) ‥‥▶

③ 집이 멀다. (보다, -아, -요) ‥‥▶

12 | 눈이 아주 밝아졌어요

왕위에: 어머, 민수 씨, 안녕하세요?

김민수: 네, 안녕하세요? 어디 가세요?

왕위에: 네, 시내 좀 가요.

　　　　그런데 안경을 썼네요. 눈이 안 좋아요?

김민수: 네, 요즘에 눈이 갑자기 침침해졌어요.

　　　　그래서 안과에 갔더니 시력이 많이 떨어졌대요.

왕위에: 아, 그 이유를 알 것 같네요. 책을 너무 많이 읽었죠?

김민수: 시험공부 좀 했을 뿐이거든요. 방의 형광등이 흐렸나 봐요.

왕위에: 그건 핑계인 것 같은데요.

　　　　언제 안경을 맞췄어요?

김민수: 오늘 맞췄어요.

　　　　이제는 눈이 아주 밝아졌어요.

왕위에: 그러면 세상도 밝아지겠네요.

김민수: 하하.

썼네요 [썬네요→썬네요]　　　　갑자기 [갑짜기]

안과 [안꽈]　　　　　　　　　　갔더니 [갇더니→갇떠니 / 가떠니]

떨어졌대요 [떠러젿대요→떠러젿때요 / 떨어져때요]　알 것 같네요 [알껃같네요→알껃깐네요 / 알꺼깐네요]

시험공부 [시엄꽁부]　　　　　　방의 [방에]

흐렸나 [흐련나→흐련나]　　　　밝아졌어요 [발가져써요]

어휘 vocabulary

눈(目)	아주	밝다	시내
안경	쓰다	갑자기	침침하다
안과	시력	떨어지다	이유
시험공부	형광등	흐리다	핑계
맞추다	세상		

정도부사(程度副詞) ••

정도(程度)란 사물이 가지고 있는 가치나 성질 또는 상태를 평가할 때 나타나는 등급을 말하는데, 정도부사는 피수식어의 정도성을 강화하거나 약화하는 부사를 말한다. 한국어는 이러한 부사가 아주 발달했는데, 여기에서는 정도성을 강화하는 것과 약화하는 것으로 분류했다. 강화 정도부사는 그 세기에 따라 네 등급으로 나눌 수 있다.

강화	세기 1	더
	세기 2	더욱, 사뭇, 썩, 한결, 훨씬, 너무, 참
	세기 3	꽤, 되게, 아주, 무척, 매우, 몹시, 하도, 대단히, 상당히, 굉장히
	세기 4	가장, 제일
약화	조금(좀), 덜, 제법, 겨우, 고작, 거의, 약간	

오늘은 더 / 더욱 / 꽤 / 덜 덥다.
오늘은 더 / 너무 / 무척 / 조금(좀) 피곤해요.
바람이 너무 / 꽤 / 제법 세다.
동생이 참 / 되게 / 제법 예쁘다.
기숙사가 너무 좋아요.
사과가 무척 달아요.
도시에서는 별이 겨우 보인다.
수박이 덜 익었다.
2월이 가장 짧다.

이들 정도부사 가운데 '하도'는 쓰임새가 특이하여 그 뒤에 반드시 '-어서'와 같은 이유와 원인을 나타내는 연결어미가 실현된다.

오늘 하도 더워서 바다에 왔어요.
옷이 하도 싸서 한 벌 샀어.

💬 안경을 썼네요

　신체에 옷, 모자, 안경 등을 착용(着用)할 때 그 대상에 따라 서술어가 달라진다. 예를 들어 '옷'을 착용할 경우에는 타동사 '입다'를 사용해야 하며, '모자'일 경우에는 '쓰다'를 사용해야 한다. 그리고 '양말'일 경우에는 '신다'를 사용해야 한다. 그런데 이들을 제거할 때는 공통적으로 타동사 '벗다'를 사용한다. 그러나 '시계'는 착용할 때는 '차다'를, 제거할 때는 '풀다'를 사용해야 한다.

대상	着	脫
옷	입다	벗다
모자	쓰다	
양말	신다	
신발	신다	
장갑	끼다	
안경	쓰다	
시계	차다	풀다
목걸이	걸다	

옷을 입다 / 벗다.

모자를 쓰다 / 벗다.

양말을 신다 / 벗다.

장갑을 끼다 / 벗다.

안경을 쓰다 / 벗다.

시계를 차다 / 풀다.

목걸이를 걸다 / 풀다.

💬 안과에 갔더니

　여기에서 '갔더니'는 '가+았+더+니'의 결합이다. 즉, 동사 어간 '가-'에 과거완료의 시제법 어미 '-었-'과 과거이면서 회상을 나타내는 '-더-'와 문장을 이어 주는 연결어미 '-니'의 결합이다. '갔-'은 '가-'와 '-았-'의 축약이다. 이 경우 '-니'는 '이유, 근거'를 나타낸다. 즉, 안과에 가서 시력을 측정해 보았기 때문에 눈이 나빠졌다는 사실을 알 게 된 것이므로 '-니'는 '이유, 근거'의 의미를 갖는 연결어미다.

> 등산을 했더니 피곤해.
> 찬 데서 잤더니 감기가 들었어.
> 노래를 불렀더니 목이 아파.

💬 떨어졌대요

이것은 원래 '떨어졌다고 해요'에서 인용격 표지인 '-고 하-'가 생략된 다음 그 나머지 어미들이 결합해서 이루어진 서술 형식이다.

> 뼈가 부러졌대요(←부러졌다고 해요).
> 집이 무너졌대요(←무너졌다고 해요).
> 음악과목이 좋아졌대요(←좋아졌다고 해요).

더 배워 볼까요	
질문: 아픈 데가 어때요?	대답: 네, 좀 / 아주 좋아졌어요.
질문: 김치맛이 어때요?	대답: 네, 좀 / 아주 / 무척 매워요.
질문: 별이 잘 보여요?	대답: 네, 참 / 굉장히 잘 보여요.
질문: 시험문제가 어려워요?	대답: 네, 약간 / 꽤 / 무척 어려워요.

1 다음에서 조건에 맞는 정도부사를 골라(2개 이상) 서술어를 수식하여 대답해 보세요.

너무	참	꽤	되게	아주	무척
매우	몹시	대단히	굉장히	조금	약간

① 강물이 맑습니까? (강화) ·····▶

② 기차가 얼마나 빠릅니까? (강화) ·····▶

③ 산이 얼마나 높습니까? (강화) ·····▶

④ 사람들이 많이 왔습니까? (약화) ·····▶

⑤ 얼마나 기쁩니까? (강화) ·····▶

⑥ 옷이 쌉니까? (약화) ·····▶

⑦ 기숙사가 마음에 듭니까? (강화) ·····▶

2 다음 (   ) 안에 공통으로 사용할 수 있는 정도부사를 고르세요.

더욱	덜	고작	몹시	하도	제법	약간

① 요즘에 (   ) 바빠서 전화도 못 했어요

② 길이 (   ) 막혀서 걸어 왔어요.

③ 꽃이 (   ) 예뻐서 몇 송이를 샀어요.

3 다음 (   ) 안에 들어갈 착용 동사를 골라 쓰세요.

끼다	차다	쓰다	입다	신다	끼다

① 구두를 (   ).   ② 안경을 (   ).

③ 모자를 (   ).   ④ 시계를 (   ).

⑤ 장갑을 (   ).   ⑥ 양말을 (   ).

⑦ 옷을 (   ).

4 다음 (   ) 안에 공통으로 들어갈 동사를 고르세요.

삶다   끓이다   놓다   벗다   입다   쓰다   신다   먹다

① 양말을 (   ).

② 안경을 (   ).

③ 옷을 (   ).

④ 모자를 (   ).

⑤ 장갑을 (   ).

⑥ 신발을 (   ).

5 아래 보기처럼 '-(으)니'를 사용하여 말해 보세요.

책을 너무 (읽-, -었-, -더-, -으니), 눈이 침침하네.

⋯⋯▶ 책을 너무 읽었더니, 눈이 침침하네.

① 찬물로 세수를 (하-, -았-, -더-, -으니), 정신이 번쩍 든다.

⋯⋯▶

② 수영을 (하-, -았-, -더-, -으니), 배가 고프네.

⋯⋯▶

③ 우는 아이한테 사탕을 (주-, -었-, -더-, -으니), 울음을 멈췄다.

⋯⋯▶

13 | 휴게실에서

주웬웬: 교수님, 안녕하세요?

교수님: 그래, 잘들 있었어? 한국어 배우기가 어때?

주웬웬: 네, 처음에는 발음이 굉장히 힘들었어요.

그래서 '코끼리'를 '고기리'로 쓴 적도 있어요.

또 '풀밭'을 '불밭'으로 쓴 적도 있어요.

교수님: 그래, 한국어는 격음과 경음이 있어서 이것을 듣거나 발음하기가 힘들 거야.

그리고 어순도 중국어하고 다르지.

무엇보다도 조사와 어미가 있어서 말하기가 힘들 거야.

저홍보: 네, 조사와 어미가 너무 어려워요. 두 가지가 아직도 구분이 잘 안 돼요.

교수님: 그것은 중국어에는 조사와 어미가 없기 때문이야.

저홍보: 그렇지만 꼭 해 낼 거예요.

교수님: 그래, 아무리 어려워도 해 낼 수 있을 거야. 반드시 그럴 거야.

주웬웬: 네, 고맙습니다.

발음 Pronunciation

한국어 [한구거]

힘들었어요 [힘드러써요]

힘들 거야 [힘들꺼야]

중국어 [중구거]

그럴 거야 [그럴꺼야]

처음에는 [처으메는]

쓴 적도 [쓴적또]

아직도 [아직또]

그렇지만 [그러치만]

어휘 vocabulary

배우기	굉장히	힘들다	코끼리
풀밭	겪음	경음	어순
중국어	다르다	무엇	조사
어미	아직	구분	그렇지만
꼭	아무리	어렵다	반드시

양태부사(樣態副詞) ···

이것은 문장의 내용과 청자에 대한 화자의 심리적인 태도를 나타내는 부사를 말한다. 이 부사는 추측(推測), 가설(假說), 양보(讓步), 기원(祈願), 부정(否定), 필연(必然), 강조(强調), 의혹(疑惑) 등을 나타낸다.

① 추측
추측의 뜻을 나타내는 부사에는 '아마'가 있다.

> 아마 내일쯤 강아지를 낳을 거야.
> 아마도 그 친구는 도서관에 있을 거야.
> 아마 50명은 왔을 겁니다.
> 아마도 대학교를 졸업했겠지.

② 가설
가설의 뜻을 나타내는 부사에는 '만일, 만약' 등이 있다.

> 만일 비가 오면 모임은 연기됩니다.
> 만일에 정전이 되면 촛불을 켜.
> 만약 내가 새라면 하늘을 훨훨 날 수 있을 텐데.
> 만약에 좌석표가 없으면 예매하지 마.

③ 양보
양보의 뜻을 나타내는 부사에는 '비록, 아무리' 등이 있다.

> 그 아이는 비록 나이는 어리지만 예의는 밝다.
> 비록 실패했더라도 좌절해서는 안 됩니다.
> 아무리 말을 해도 듣지를 않아요.
> 아무리 추워도 운동을 한다.

④ 기원

기원의 뜻을 나타내는 부사에는 '부디, 제발, 아무쪼록' 등이 있다.

부디 건강하세요.

부디 성공하기 바라네.

제발 좀 믿어 주세요.

제발 운동 좀 하세요.

아무쪼록 힘을 내세요.

아무쪼록 행복하기 바래요.

⑤ 부정

부정의 뜻을 나타내는 부사에는 '결코, 도무지, 별로, 조금도, 도저히' 등이 있다.

그 일은 결코 두렵지 않아요.

나는 결코 거짓말을 하지 않았어.

도무지 네 말을 이해할 수 없어.

도무지 생각이 안 나네.

빵이 별로 맛이 없네.

이곳은 별로 낯설지 않아요.

여기에 설탕을 조금도 넣지 않았습니다.

그 사람이 조금도 반응이 없어.

밥이 타서 도저히 먹을 수가 없었다.

감기 때문에 도저히 못 가겠어요.

⑥ 필연

필연의 뜻을 나타내는 부사에는 '꼭, 반드시, 기어이' 등이 있다.

7시까지 꼭 와야 해.

이 약을 꼭 먹어.

이번에는 반드시 일등을 할 거야.

약속은 반드시 지켜야 해.

오늘은 기어이 산을 오르겠어.

동생은 기어이 시험에 합격했다.

⑦ 강조

강조의 뜻을 나타내는 부사에는 '마땅히, 물론, 확실히, 과연' 등이 있다.

어른들은 마땅히 대접을 받아야 합니다.

이 물건은 마땅히 제값을 받아야 한다.

나도 물론 너를 도와 주겠어.

물론 그 일은 힘들지.

확실히 대답을 해 봐요.

확실히 증거가 없다.

날씨가 과연 덥기는 덥구나.

운동이 과연 좋기는 좋구나.

⑧ 의혹

의혹의 뜻을 나타내는 부사에는 '왜, 어찌' 등이 있다.

사람은 왜 잠을 잘까?

바닷물은 왜 짤까?

어찌 그럴 수가 있나요?

어찌 내 마음을 알까?

<양태부사>

의미	양태부사의 예
추측	아마
가설	만일, 만약
양보	비록, 아무리
기원	부디, 제발, 아무쪼록
부정	결코, 도무지, 별로, 조금도, 도저히
필연	꼭, 반드시, 기어이
강조	마땅히, 물론, 확실히, 과연
의혹	왜, 어찌

한국어 어순

체언은 조사와 결합하여 여러 문장성분으로 기능한다. 한국어는 자리를 만들어 주는 문법적인 표지가 있기 때문에 문장성분의 자리 이동이 비교적 자유롭다.

나는 어제 서점에서 책을 샀다.
① 나는 서점에서 어제 책을 샀다.
② 어제 나는 책을 서점에서 샀다.
③ 책을 나는 어제 서점에서 샀다.
④ 서점에서 책을 어제 나는 샀다.

🗨 한국어 배우기

접미사 '-기'는 두 가지 기능을 가지고 있다. 첫째는 문장의 서술어 어간에 결합하여 명사형으로 만든 다음 이것을 여러 문장성분이 되게 하는 것이다. 둘째는 이와는 상관없이 동사나 형용사 어간에 결합하여 이들을 명사로 만드는 것이다.

'한국어 배우기'는 전자에 해당하는데, 이것은 동사 어간 '배우-'에 명사형 접미사 '-기'가 결합된 것이다. 이렇게 하여 '배우기'는 다른 명사처럼 조사들과 결합하여 여러 문장성분이 된다. 그런데, '배우기'는 앞의 목적어인 '한국어'에 대해서는 서술어의 자격을 가지고 있으면서 조사 '-가'와 결합하여 뒤에 오는 서술어인 '쉽다'의 주어 기능을 한다. '한국어 배우기'는 주어만으로 쓰이는 것이 아니라, 목적어와 서술어로도 쓰인다.

한국어 배우기가 쉽다. (주어)
나는 한국어 배우기를 시작했다. (목적어)
나의 취미는 한국어 배우기다. (서술어)

한편, '-기'는 동사나 형용사 어간에 결합하여 파생 명사를 만든다.

더하기(← 더하다)
빼기(← 빼다)
나누기(← 나누다)

곱하기(←곱하다)

보기(←보다)

말하기(←말하다)

듣기(←듣다)

쓰기(←쓰다)

읽기(←읽다)

달리기(←달리기)

그리기(←그리다)

걷기(←걷다)

크기(←크다)

밝기(←밝다)

걷기와 달리기는 건강에 좋다.

다음 보기에서 골라 써 넣으세요.

과일들의 크기가 일정하다.

🗨 —어서

이것은 인과관계(因果關係)를 나타내는 접속어미다. 선행문이 원인이나 이유의 바탕이 되어서 결과를 유도하는 관계이다. 이것은 선행문과 후행문이 '원인—결과'나 '이유—결과'의 관계를 맺는 것이다. '한국어는 격음과 경음이 있어서 이것을 발음하기가 힘들 거야'에서 '발음하기 힘든 것'은 '격음과 경음이 있기' 때문인데, 이러한 '이유—결과'의 관계를 '—어서'가 맺어 주고 있다.

눈이 와서 길이 미끄럽다.

시험을 잘 봐서 기분이 좋다.

늦잠을 자서 지각을 했다.

과속을 해서 사고가 났다.

옷이 더러워서 세탁을 했다.

너무 많이 걸어서 다리가 아프다.

● 없기 때문이야

여기에서 '-기'는 문장의 서술어 어간에 붙어 명사 기능을 하게 하는 어미이며, '때문'은 '이유, 원인'을 뜻하는 불완전 명사이다.

그것은 중국어에는 조사와 어미가 없<u>기 때문</u>이야.
날씨가 더운 것은 북태평양 고기압이 확장되었<u>기 때문</u>이다.
오늘 지각을 한 것은 늦잠을 잤<u>기 때문</u>이다.

더 배워 볼까요			
어서 오세요	어서 오십시오	어서 가세요	어서 가십시오
어서 드세요	어서 드십시오	어서 와	어서 먹어

1 다음 (　　　) 안에 적합한 양태부사를 골라 넣으세요.

반드시	왜	아마	결코	아무리	제발	물론

① 그래, (　　　) 어려워도 해 낼 수 있을 거야. (양보)

② (　　　) 좀 믿어 주세요. (기원)

③ 나는 (　　　) 거짓말을 하지 않았어. (부정)

④ 약속은 (　　　) 지켜야 해. (필연)

⑤ 바닷물은 (　　　) 짤까? (의혹)

⑥ 나도 (　　　) 너를 도와 주겠어. (강조)

⑦ (　　　) 50명은 왔을 겁니다. (추측)

2 다음 (　　　) 안에 적합한 양태부사를 골라 넣으세요.

과연	비록	어찌	도무지	기어이	만일	아마도	부디

① (　　　) 생각이 안 나네. (부정)

② 그 아이는 (　　　) 나이는 어리지만 예의는 밝다. (양보)

③ (　　　) 성공하기 바라네. (기원)

④ (　　　) 내일쯤 서울에 도착할 거야. (추측)

⑤ (　　　) 비가 오면 모임은 연기됩니다. (가설)

⑥ 동생은 (　　　) 시험에 합격했다. (필연)

⑦ 운동이 (　　　) 좋기는 좋구나. (강조)

⑧ (　　　) 그럴 수가 있나요? (의혹)

3 다음 문장성분을 서술어만 고정시킨 다음 그 자리를 바꾸어 보세요.

　　나는 어제 서점에서 책을 샀다.

① ····▶

② ····▶

③ ····▶

④ ····▶

4 다음에서 공통으로 들어갈 접미사를 쓰세요.

① 한국어 배우(　　　　)가 쉽다. (주어)

② 나는 한국어 배우(　　　　) 시작했다. (목적어)

③ 나의 취미는 한국어 배우(　　　　) (서술어)

5 다음 (　　　　) 안에 공통으로 들어갈 부사어를 골라 넣으세요.

　　아마　　만약　　어찌　　과연　　비록　　어서　　별로　　조금도

① (　　　　) 오세요.

② (　　　　) 가세요.

③ (　　　　) 드십시오.

④ (　　　　) 와.

⑤ (　　　　) 먹어.

14 | 지하철 타기

왕위에: 저, 말씀 좀 묻겠습니다.

역무원: 네, 무엇을 도와 드릴까요?

왕위에: 명동에 가려고 하거든요. 어떻게 가죠?

역무원: 여기가 종로5가역이거든요.

　　　　여기서 1호선을 타고 동대문역에서 내리세요.

　　　　그리고 4호선으로 갈아탄 다음에 명동역에서 내리면 돼요.

왕위에: 요금은 얼마예요?

역무원: 천 원이에요. 교통카드 없어요?

왕위에: 아직 구입을 안 했거든요. 여기서 구입할 수 있어요?

역무원: 네, 항상 판매를 하거든요.

　　　　교통카드를 사면 버스로 환승해서 탈 수 있어요.

왕위에: 마침 사려고 했거든요. 하나 주세요. 얼마예요?

역무원: 2만 원입니다.

왕위에: 여기 있습니다. 고맙습니다.

역무원: 네, 안녕히 가십시오.

묻겠습니다 [묻겓습니다 → 묻껟씀니다 / 무께씀니다]

어떻게 [어떠케]　　　　　　　　종로5가 [종노오가]

1호선 [이로선]　　　　　　　　동대문역에서 [동대문녀게서]

천원이에요 [처눠니에요]　　　　안 했거든요 [아낻꺼드뇨 / 아내꺼드뇨]

구입할 수 [구이팔쑤]　　　　　2만 원입니다 [이마눤님니다]

있습니다 [읻씀니다 / 이씀니다]

vocabulary

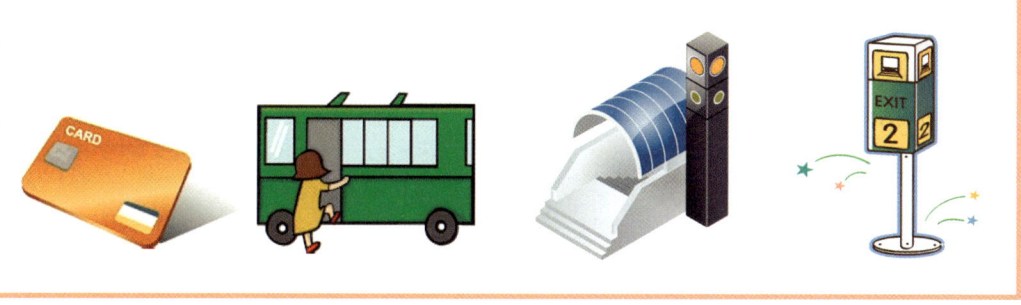

지하철 / 전철	저	명동	여기
종로5가역	1호선	타다	동대문역
내리다	4호선	갈아타다	다음
요금	얼마	교통카드	없다
아직	구입	항상	판매
사다	버스	환승하다	마침
주다	2만 원		

시간부사(時間副詞) ....

이것은 시간을 나타내는 부사인데, 여기에는 시간적인 위치를 나타내는 시제부사(時制副詞)와 일이 일어나는 모습을 나타내는 양상부사(樣相副詞)로 나눌 수 있다.

1. 시제부사

이것은 말하는 시점(時點)을 기준으로 해서 과거, 현재, 미래로 나눌 수 있다. 과거에 해당하는 부사에는 '어제, 작년, 접때' 등이 있으며, 현재에 해당하는 부사에는 '지금, 올해, 오늘, 이제' 등이 있다. 그리고 미래에 해당하는 부사에는 '내일, 모레, 내년, 다음날, 장차 / 앞으로' 등이 있으며, 부정시(否定時)에는 '언제'가 있다.

① 과거

어제 친구를 만났다.
작년에 중국에 갔었다.
접때 친구하고 영화를 보았다.
그 전날에 회의가 있었다.

② 현재

지금 운동하고 있어요.
올해도 연극을 하고 있다.
오늘도 회의를 하고 있어요.
이제 비가 그치고 있어요.

③ 미래

내일은 눈이 오겠습니다.
모레쯤에 다시 방문하겠습니다.
명절 다음날에 고향에 갈 거예요.
장차 / 앞으로 몸이 좋아질 것입니다.

④ 부정시

　　　우리 언제 만날까?

　　　언제 시험을 봅니까?

　　　언제 방학을 하니?

2. 양상부사

　양상부사는 일이 일어나는 모습을 나타내는 부사인데, 이것은 '완료상, 진행상, 순서상, 순간상, 지속상, 반복상' 등을 나타낸다.

① 완료상(完了相)

이에 해당하는 부사에는 '이미, 벌써' 등이 있다.

　　　이미 행사가 끝났어.

　　　이미 서류 접수가 마감되었다.

　　　벌써 봄이 되었네.

　　　한국에 온 지 벌써 2년이 되었다.

② 진행상(進行相)

이에 해당하는 부사에는 '한창, 아직' 등이 있다.

　　　공원에서 아이들이 한창 뛰어놀고 있다.

　　　꽃이 한창 피고 있어요.

　　　동생은 아직도 피아노를 치고 있다.

　　　너는 아직도 겨울 옷을 입고 있니?

③ 순서상(順序相)

　이것은 다시 [선행], [동시], [후행]으로 나뉜다. [선행]에는 '먼저, 미리, 우선, 일찍, 처음' 등이 있다. [동시]에는 '마침, 함께, 같이' 등이 있다. [후행]에는 '마침내, 드디어' 등이 있다.

　　　먼저 방명록에 이름을 쓰고 입장하세요.

　　　덥기 전에 미리 에어컨을 사 놓았어.

진찰을 받기 전에 우선 엑스레이 사진을 찍으세요.

오늘은 일찍 아침을 먹고 출근했다.

처음에는 일이 서툴렀다.

교실에 들어서자 마침 시작 종이 울렸다.

친구들하고 함께 / 같이 놀았어.

힘들었던 일이 마침내 끝났다.

네가 드디어 성공을 했구나.

④ 순간상(瞬間相)

이에 해당하는 부사에는 '갑자기, 문득, 별안간' 등이 있다.

그때 나는 갑자기 정신을 잃었다.

갑자기 비가 쏟아졌다.

문득 좋은 생각이 떠올랐어.

문득 고향 생각이 나네.

별안간 정전이 되었다.

⑤ 지속상(持續相)

이에 해당하는 부사에는 '온종일, 여태, 항상, 늘' 등이 있다.

하늘에 온종일 황사가 끼었다.

여태 너를 기다리고 있었어.

휴일마다 항상 등산을 한다.

부모들은 늘 자식 걱정을 한다.

⑥ 반복상(反復相)

이에 해당하는 부사에는 '다시, 또, 날마다, 자주, 가끔, 매일' 등이 있다.

다시 만납시다.

너 또 그 말을 하니?

신문이 날마다 온다.

물을 자주 마시세요.

선생님께 가끔 전화를 합니다.

학생들은 매일 청소를 한다.

〈시간부사〉

종류	의미		예
시제부사	과 거		어제, 작년, 접때
	현 재		지금, 올해, 오늘, 이제
	미 래		내일, 모레, 내년, 다음날, 장차
	否定時		언제
양상부사	완 료		이미, 벌써
	진 행		한창, 아직
	순서	선행	먼저, 미리, 우선, 일찍, 처음
		동시	마침, 함께, 같이
		후행	마침내, 드디어
	순 간		갑자기, 문득, 별안간
	지 속		온종일, 여태, 항상, 늘
	반 복		다시, 또, 날마다, 자주, 가끔, 매일

🗨 저, 말씀 좀 묻겠습니다

　여기에서 '저'는 감탄사로서 말을 꺼내기가 거북하거나 어색하여 좀 머뭇거릴 때, 또는 생각이 갑자기 나지 않을 때 내는 말이다. 여기에서는 전자의 경우에 해당한다.

　　저, 한 가지 부탁이 있는데요.

　　저, 먼저 퇴근하면 안 될까요?

　　저, 뭐더라. 얼른 생각이 안 나네.

🗨 무엇을 도와 드릴까요?

　이것은 도움을 청하는 상대방에게 묻는 말이다. 주로 직장이나 관공서에서 담당자들이 많이 쓰는 일상적인 표현이다. 친절하고도 적극적인 표현이다.

더 배워 볼까요

환승역	시청역	서울역	광화문역
영등포역	동대문운동장역	여의도역	충무로역
종로3가역	스크린도어(안전문)	에스컬레이터	1호선~9호선
수도권전철	출퇴근시간	혼잡하다	경로석
여기 앉으세요	괜찮습니다		

1 다음 보기에서 (   ) 안에 알맞은 시제부사를 고르세요.

언제	앞으로	지금	어제

① (   ) 친구를 만났다.

② 우리 (   ) 만날까?

③ (   ) 운동을 하고 있어요.

④ (   ) 몸이 좋아질 거예요.

2 다음 보기에서 (   ) 안에 알맞은 시제부사를 고르세요.

내일	언제	작년에	이제

① (   ) 비가 그치고 있어요.

② (   ) 중국에 갔었다.

③ (   ) 방학을 하니?

④ (   ) 눈이 오겠습니다.

3 다음 보기에서 (   ) 안에 알맞은 양상부사를 고르세요.

다시	온종일	벌써	한창	미리	갑자기

① 한국에 온 지 (   ) 2년이 되었다. (완료)

② 꽃이 (   ) 피고 있어요. (진행)

③ 덥기 전에 (   ) 에어컨을 사 놓았어. (선행)

④ (   ) 비가 쏟아졌다. (순간)

⑤ 하늘에 (   ) 황사가 끼었다. (지속)

⑥ (   ) 만납시다. (반복)

4 다음 보기에서 (   ) 안에 알맞은 양상부사를 고르세요.

| 먼저 | 마침 | 드디어 | 우선 | 같이 | 마침내 | 일찍 |

① 네가 (   ) 성공을 했구나. (후행)

② 진찰을 받기 전에 (   ) 엑스레이 사진을 찍으세요. (선행)

③ 오늘은 (   ) 아침을 먹고 출근했다. (선행)

④ (   ) 방명록에 이름을 쓰고 입장하세요. (선행)

⑤ 교실에 들어서자 (   ) 시작 종이 울렸다. (동시)

⑥ 친구들하고 (   ) 놀았다. (동시)

⑦ 힘들었던 일이 (   ) 끝났다. (후행)

5 다음 보기에서 (   ) 안에 알맞은 양상부사를 고르세요.

| 아직도 | 이미 | 항상 | 가끔 | 별안간 |

① 선생님께 (   ) 전화를 합니다. (반복)

② (   ) 정전이 되었다. (순간)

③ (   ) 행사가 끝났어. (완료)

④ 너는 (   ) 겨울 옷을 입고 있니? (진행)

⑤ 휴일마다 (   ) 등산을 한다. (지속)

15 | 버스 타기

한 리: 휴일이라서 정류장에 사람들이 꽤 많네.

　　　삼성동 무역센터에 가야 하는데.

주웬웬: 그런데 몇 번 버스를 타지?

　　　그리고 요금은 얼마지?

왕위에: 나 며칠 전에 교통카드를 샀어. 그러니까 걱정하지 마.

　　　정류장 안내판에 버스 번호가 있을 거야.

한 리: 3414번이 무역센터로 가네.

왕위에: 버스요금은 현금으로 내면 1000원이야.

　　　교통카드로 내면 900원이야. 그러니까 100원이 싼 거야.

한 리: 우리도 교통카드를 사자.

　　　그래야 차를 갈아탈 때 환승할인을 받을 수 있대.

주웬웬: 그러자. 저기 버스가 온다. 저 버스를 타자.

휴일이라서 [휴이리라서]   많네 [만네]

몇 번 버스 [멷번→멷뻔뻐스/ 며뻔뻐스]   번호 [버노]

3414번 [삼사일사번]   환승할인을 [환승하리늘]

받을 수 있대 [바들쑤읻때/ 바들쑤이때]

어휘 Vocabulary

휴일	정류장	그런데	몇
삼성동	무역센터	요금	얼마
며칠	전	그러니까	걱정하다
안내판	번호	현금	내다
싸다	그래야	환승할인	받다
저기			

접속어(接續語) ∙∙∙

접속어는 문장과 문장을 긴밀하게 연결하는데, 이것은 앞뒤의 내용에 따라 '순접(順接), 역접(逆接), 전환(轉換), 인과(因果)' 등의 관계로 이어 준다.

1. 순접

이것은 앞의 내용을 이어받아 연결시키는 접속어인데, 여기에는 '그리고'가 있다.

> 나는 휴일에 책을 읽는다. 그리고 운동을 한다.
> 잘 가. 그리고 도착하는 대로 전화해.
> 그는 한국어도 잘한다. 그리고 중국어도 잘한다.

2. 역접

이것은 앞의 내용과 상반되는 내용을 이어 주는 접속어인데, 여기에는 '그러나, 그렇지만, 하지만' 등이 있다.

> ① 인생은 짧다. 그러나 예술은 길다.
>   여자는 약하다. 그러나 어머니는 강하다.
>   구름이 끼었다. 그러나 비는 오지 않았다.
> ② 형은 운동을 잘한다. 그렇지만 / 하지만 동생은 못한다.
>   비가 내렸다. 그렇지만 / 하지만 행사는 진행되었다.
>   산에서 넘어졌다. 그렇지만 / 하지만 다치지는 않았다.

3. 전환

이것은 앞 내용과는 다른 새로운 내용으로 화제를 바꾸어 주는 접속어인데, 여기에는 '그런데'가 있다.

> 누나, 나 왔어. 그런데 왜 동생이 안 보이지?
> 영화를 보러 가자고? 그런데 너 시간이 있어?

오늘은 일찍 집에 왔어. 그런데 길에서 네 동생을 만났어.

4. 인과

이것은 앞뒤의 문장을 원인과 결과로 연결시켜 주는 접속어인데, 여기에는 '그래서, 그러니까, 그러므로' 등이 있다.

① 날씨가 추워요. 그래서 옷을 두껍게 입었어요.
   올해 과일이 흉작이다. 그래서 과일 값이 올랐다.
   찬 것을 많이 먹었어. 그래서 배탈이 났어.

② 매일 늦잠을 잔다고? 그러니까 지각을 하지.
   이번에 살을 많이 뺐어. 그러니까 몸이 아주 가벼워지더라.
   우리는 손님들을 친절하게 맞이해요. 그러니까 매출이 자꾸 늘어요.

③ 나는 생각한다. 그러므로 나는 존재한다.
   요즘 독감이 유행입니다. 그러므로 개인위생을 철저히 해야 합니다.
   아침마다 안개가 낀다. 그러므로 운전을 조심해야 한다.

〈접속어〉

관계	내 용	예
순접	앞 내용을 이어받아 연결시킴	그리고
역접	앞 내용과 상반되는 내용을 이어 줌	그러나, 그렇지만, 하지만
전환	앞 내용과는 다른 새로운 내용으로 이어 화제를 바꾸어 줌	그런데
인과	앞뒤의 문장을 원인과 결과로 연결시켜 줌	그래서, 그러니까, 그러므로

💬 휴일이라서

여기에서 '-아서'는 '이유·원인'을 나타내는 연결어미이다. 모음조화 규칙에 따라 앞의 어간의 모음이 양성모음(-오, -아)일 경우에는 '-아서'가 쓰이고, 음성모음(-우, -어)일 경우에는 '-어서'가 쓰인다.

김치가 매워서 물을 마셨다.
너무 걸어서 다리가 아프다.
표정이 밝아서 보기가 좋네요.
시험을 잘 보아서 기분이 좋다.

🗨 현금으로 내면

　여기에서 '−으면'은 선행문과 후행문을 '조건 / 가정−결과'의 관계로 이어 주는 연결어미다. '버스요금은 현금으로 내면 1000원이야'에서 '−으면'은 이러한 조건 / 가정 관계를 나타낸다. 즉, 버스요금을 현금으로 내는 조건일 경우에 그 요금이 1000원이 된다는 뜻이다.

밤이 되면 별이 뜬다. (조건)
봄이 오면 꽃이 핀다. (조건)
열심히 공부하면 성공한다. (조건)
돈이 있으면 책을 사겠다. (가정)
베이징에 가면 만리장성을 보겠다. (가정)

🗨 그러자

　이것은 '그렇게 하자'에서 '−ㅎ게 하−'가 생략된 다음에 '그러−'와 청유형 종결어미 '−자'가 결합하여 이루어진 서술 형식이다.

▌더 배워 볼까요

무역센터가 어디에 있습니까?
무역센터에 가려면 몇 번 버스를 탑니까?
무역센터에 가는 데 얼마나 걸립니까?
버스요금이 얼마입니까?
교통카드를 어디에서 삽니까?

1 다음 보기처럼 '-아서 / -어서'를 사용하여 두 문장을 이어 보세요.

> 김치가 맵다. 물을 마셨다. (-어서)
> ····▶ 김치가 매우-어서 물을 마셨다.
> ····▶ 김치가 매워서 물을 마셨다.

① 너무 걷는다. 다리가 아프다. (-어서)

····▶

····▶

② 표정이 밝다. 보기가 좋다. (-아서)

····▶

····▶

③ 시험을 잘 본다. 기분이 좋다. (-아서)

····▶

····▶

2 다음 보기처럼 '-으면'을 사용하여 두 문장을 이어 보세요.

> 밤이 된다. 별이 뜬다. (-으면)
> ····▶ 밤이 되-면 별이 뜬다.
> ····▶ 밤이 되면 별이 뜬다.

① 봄이 온다. 꽃이 핀다. (-으면)

····▶

····▶

② 돈이 있다. 책을 사겠다. (-으면)

····▶

····▶

③ 베이징에 간다. 만리장성을 보겠다. (─으면)

　　····▶

　　····▶

3 다음 보기에서 (　　　) 안에 알맞은 접속어를 골라 넣으세요.

> 그런데　　　　그러므로　　　　그리고　　　　그러나

① 나는 생각한다. (　　　) 나는 존재한다.

② 영화를 보러 가자고? (　　　) 너 시간이 있어?

③ 나는 휴일에 책을 읽는다. (　　　) 운동을 한다.

④ 인생은 짧다. (　　　) 예술은 길다.

4 다음 보기에서 (　　　) 안에 알맞은 접속어를 골라 넣으세요.

> 그리고　　　　그런데　　　　그러니까　　　　그렇지만

① 매일 늦잠을 잔다고? (　　　) 지각을 하지.

② 형은 운동을 잘한다. (　　　) 동생은 못한다.

③ 그는 한국어도 잘한다. (　　　) 중국어도 잘한다.

④ 오늘은 일찍 집에 왔어. (　　　) 길에서 네 동생을 만났어.

5 다음 보기처럼 물음에 대답해 보세요.

> 무역센터가 어디에 있습니까? (서울 강남구 삼성동)
> ····▶ 네, 서울 강남구 삼성동에 있습니다.

① 무역센터에 가려면 몇 번 버스를 탑니까? (3414번) ····▶

② 무역센터에 가는 데 얼마나 걸립니까? (30분) ····▶

③ 버스요금이 얼마입니까? (천 원) ····▶

④ 교통카드를 어디에서 삽니까? (가판대나 지하철역) ····▶

16 | 택시 타기

택시기사: 어서 오세요. 어디까지 가시죠?

왕 위 에: 네, 경복궁으로 가 주세요.

택시기사: 네, 알겠습니다. 그런데 외국에서 오셨나 보죠?

왕 위 에: 네, 중국에서 온 유학생이에요. 한국에 온 지 2년이 되었어요.

택시기사: 그러면 한국어 잘 하시겠네요.

왕 위 에: 아니요. 아직 잘하지 못해요. 그런데 거기까지 택시요금이 얼마나 나오죠?

택시기사: 한 3천 원 정도 나올 거예요. 이 택시는 기본요금이 1900원이거든요.

　　　　　그리고 시간과 거리에 따라 요금이 올라갑니다.

왕 위 에: 저는 택시를 한번도 못 타 봤거든요.

택시기사: 아, 그러시군요. 저희 회사에서는 손님을 아주 친절하게 모십니다.

　　　　　불편한 점이 있으면 말씀해 주세요.

왕 위 에: 아니요. 불편한 점이 없습니다.

택시기사: 자, 경복궁에 다 왔습니다. 안녕히 가십시오.

왕 위 에: 네, 고맙습니다.

발음 Pronunciation

택시 [택씨]

알겠습니다 [알겓습니다 → 알겓씀니다]

유학생 [유악쌩]

잘 하지 못해요 [자라지모태요]

말씀해 [말쓰매]

왔습니다 [왇습니다 → 왇씀니다 / 와씀니다]

경복궁 [경복꿍 / 경보꿍]

오셨나 [오션나 → 오션나]

잘 하시겠네요 [자라시겐네요]

봤거든요 [봗거든요 → 봗꺼드뇨 / 봐꺼드뇨]

없습니다 [업습니다 → 업씀니다 / 어씀니다]

어휘 vocabulary

택시	타다	경복궁	그런데
택시기사	외국	유학생	잘하다
못하다	거기	택시요금	나오다
기본요금	시간	거리	따르다
올라가다	못	저희	회사
손님	친절하게	모시다	불편하다
점	없다	자	

부정법은 주어진 언어내용을 의미적으로 부정(否定)하는 방법이다. 여기에는 부정부사 '아니(안)'과 '못'을 사용하는 방법이 있다.

1. '아니(안)'

이것은 동사나 형용사 앞에 모두 실현할 수 있는데, 여기에는 짧은 부정법과 긴 부정법 두 가지가 있다. 또한 서술어가 '명사-이다'로 된 문장을 부정하는 형식이 있다. '안 부정법'은 '사실 부정(事實否定)'을 뜻한다.

① 짧은 부정

오늘은 기분이 안 좋아. (←오늘은 기분이 좋아.)

학교에 안 갔어. (←학교에 갔어.)

비가 안 오네. (←비가 오네.)

② 긴 부정

오늘은 기분이 좋지 않아. (←아니하-아).

학교에 가지 않았어. (←아니하-았-어).

비가 오지 않아.

③ '명사-이다'의 부정

그는 학생이 아니다. (←그는 학생이다.)

2. '못'

이것은 동사 앞에서만 실현할 수 있는데, 여기에는 짧은 부정법과 긴 부정법 두 가지가 있다. '못 부정법'은 '상황 부정(狀況否定)'을 뜻한다. 이 경우 이유와 원인을 뜻하는 연결어미 '-어서'와 불완전명사인 '때문'이 앞에 나타난다.

① 짧은 부정

　　행사 때문에 강의를 못 들었어요.

　　정전 때문에 책을 못 읽었다.

　　시간이 없어서 식사를 못 했어요.

② 긴 부정

　　행사 때문에 강의를 듣지 못했어요

　　정전 때문에 책을 읽지 못했다.

　　시간이 없어서 식사를 하지 못했어요.

〈부정법〉

否定素	실현위치	유형	의미
아니 / 안	동사, 형용사 앞	짧은 부정법 긴 부정법 '명사–이다' 부정법	사실 부정
못	동사 앞	짧은 부정법 긴 부정법	상황 부정

💬 오셨나 보죠

　보조형용사 '보다'는 '–ㄴ가, –는가, –ㄹ까, –을까, –나'와 같은 형식 다음에 쓰여 '추측'의 뜻을 나타낸다.

　　친구가 약속을 잊었는가 봐.

　　수업시간에 늦을까 봐 뛰었다.

　　어제 바빴던가 봐.

　　지금 공부하나 봐.

　　저녁마다 운동하나 봐.

🗨 알겠습니다

'알겠습니다'는 상대방의 진술을 이해할 뿐만 아니라 그에 대한 적절한 수행 의지를 나타 낸다. 이 경우 택시기사는 '경복궁으로 가 달라'는 손님의 말을 이해하고 손님을 거기까지 태 워 주겠다는 의지를 보여 주고 있다. 이러한 태도는 미래 시제인 '-겠-'으로 실현된다.

> 왕 위 에: 경복궁으로 가 주세요
>
> 택시기사: 네, 알겠습니다.

🗨 -에 따라

여기에서 '따라'는 동사 '따르다'의 불규칙활용인데, 정해지거나 요구된 것에 맞도록 하는 뜻을 나타낸다. 이때, 앞에는 부사격조사 '-에'가 나타난다.

> 학교에서는 시간표에 따라 수업을 진행한다.
>
> 키에 따라 자리를 정했다.
>
> 계절에 따라 옷이 달라진다.

🗨 자

이것은 감탄사인데, 어떤 말이나 행동을 하기 전에 남의 주의를 환기시키려고 하거나, 남 에게 어떤 행동을 권하거나 재촉할 때 하는 말이다.

> 자, 이제부터 제가 그 일에 대하여 말씀을 드리겠습니다.
>
> 자, 내 말대로 그렇게 하지.
>
> 자, 조용히 하세요

더 배워 볼까요

덕수궁으로 가 주세요	중국대사관으로 가 주세요
요금이 얼마입니까? 할증요금	콜택시 모범택시
거스름돈 / 잔돈 카드결제	

1 아래 보기처럼 문장의 내용을 부정해 보세요.

꽃이 피었어요. (안, 짧은 부정법, 긴 부정법)
····▶ 꽃이 안 피었어요.
····▶ 꽃이 피지 않았어요.

① 바닷물이 차갑다. (안, 짧은 부정법, 긴 부정법)

····▶

····▶

② 가방이 무거워. (안, 짧은 부정법, 긴 부정법)

····▶

····▶

③ 시험문제가 어려워요. (안, 짧은 부정법, 긴 부정법)

····▶

····▶

④ 산이 높습니다. (안, 짧은 부정법, 긴 부정법)

····▶

····▶

⑤ 어제 심부름을 했어요. (안, 짧은 부정법, 긴 부정법)

····▶

····▶

2 아래 보기처럼 문장의 내용을 부정해 보세요.

오늘 친구를 만났다. (못, 짧은 부정법, 긴 부정법)
····▶ 오늘 친구를 못 만났다.
····▶ 오늘 친구를 만나지 못했다.

① 휴일에 봉사활동을 했습니다. (못, 짧은 부정법, 긴 부정법)

••••▶

••••▶

② 옷을 다렸어. (못, 짧은 부정법, 긴 부정법)

••••▶

••••▶

3 아래 보기처럼 문장의 내용을 부정해 보세요.

> 오늘은 월요일이다. (−이 아니다) ••••▶ 오늘은 월요일이 아니다.

① 그것은 우리의 책임이다. (−이 아니다) ••••▶

② 이것은 귀금속이다. (−이 아니다) ••••▶

③ 제비는 텃새다. (−가 아니다) ••••▶

4 아래 보기처럼 질문에 답해 보세요.

> 감귤을 어떻게 분류합니까? (크기) ••••▶ 크기에 따라 분류합니다.

① 대학교에서는 학생을 어떻게 뽑습니까? (성적) ••••▶

② 자리를 어떻게 정합니까? (키) ••••▶

③ 수업을 어떻게 진행합니까? (시간표) ••••▶

5 아래 보기에서 (　　) 안에 들어갈 감탄사를 골라 쓰세요.

야	하하	아차	응	자

① (　　), 여기를 보세요.

② (　　), 제 말을 들어 보세요.

③ (　　), 조용히 하세요.

17 | 할머니 생신

어머니: 한솔아, 내일이 할머님 생신이야.

이한솔: 네, 알고 있어요.

그러면 친척들도 많이 오시겠네요?

어머니: 그럼. 고모도 오고, 이모도 오고, 숙모도 오고,

외삼촌도 올 거야.

이한솔: 그런데, 왜 음식은 준비를 안 해요?

어머니: 응, 올해는 음식점에서 생신 잔치를 하기로 했어.

내일 저녁 6시부터 할 거야.

이한솔: 할머니 생신인데, 선물은 무엇으로 하죠?

어머니: 걱정하지 마. 이미 약속이 다 돼 있어.

옷은 고모가 준비하고, 여행 예약은 아버지가 할 거야.

이한솔: 그래도 선물을 해야죠.

날씨도 추워지는데, 목도리가 어떨까요?

어머니: 그래, 그게 좋겠다.

친척들도 [친척뜰도]   많이 [마니]

오겠네요 [오겐네요]   올해는 [오래는]

음식점 [음식쩜]   내일 저녁 [내일쩌녁]

6시부터 [여섣씨부터 / 여서씨부터]   걱정하지 [걱쩡아지]

여행 [여앵]   목도리 [목또리]

좋겠다 [조켇따 / 조케따]

어휘 vocabulary

생신('생일'의 높임말) 친척		고모	이모
숙모	외삼촌	음식	준비
올해	음식점	잔치	선물
무엇	걱정하다	이미	약속
옷	여행	예약	날씨
추워지다	목도리	그게 (← 그것이)	

연결어미(連結語尾) ·····································

　문장과 문장을 접속시켜 복문(複文)을 만드는 어미를 연결어미(連結語尾)라고 한다. 한국어의 연결어미는 매우 다양하게 발달해 있는데, 이들의 중심의미에 따라 [대등(對等)]과 [종속(從屬)]으로 나눌 수 있다. 대등 접속은 선행절이 후행절에 대해 대등한 의미 관계를 이루는 구성이며, 종속 접속은 선행절이 후행절에 대해 종속적인 의미 관계를 이루는 구성이다. 접속문 구성을 의미 관계에 따라 하위유형을 체계화하면 다음과 같다.

〈접속문 구성의 체계〉

대등 접속문 구성	종속 접속문 구성	
① 나열(순접) 관계	① 인과 관계(因果關係)	② 조건 관계(條件關係)
② 대조(역접) 관계	③ 목적 관계(目的關係)	④ 평가 관계(評價關係)
③ 선택(선접) 관계	⑤ 결과 관계(結果關係)	⑥ 양보 관계(讓步關係)
	⑦ 첨의 관계(添意關係)	⑧ 강조 관계(强調關係)

1. 나열(순접) 관계(羅列關係)

　이것은 선행절과 후행절을 의미상 독립적으로 대등하게 나열하는 것인데, 여기에는 '－고, －으며, －자, －으면서, －다가, －고서, －아서, －으니' 등과 같은 연결어미가 있다. 이들 어미 가운데 '－고, －으며'는 시간과 관계가 없으며, 나머지 어미들은 시간과 관계가 있다. '－자, －으면서'는 동시성의 의미 관계를 가지며, '－다가, －고서, －아서, －으니'는 순차성의 의미 관계를 갖는다.

💬 －고, －으며

　이들 연결어미는 선행절과 후행절을 시간에 관계없이 대등하게 나열한다. 일반적으로 '－고'는 구어체와 문어체에 두루 쓰이는 데 비해서 '－으며'는 문어체에 잘 쓰인다.

　　형은 키가 크고/ 며, 동생은 키가 작다.
　　나는 갈비탕을 먹었고/ 으며, 친구는 해장국을 먹었다.
　　그는 의지가 굳고/ 으며, 성실해요.
　　삼촌은 시인이고/ 며, 소설가입니다.

고모도 오고, 이모도 오고, 숙모도 오고, 외삼촌도 올 거야.

옷은 고모가 준비하고, 여행 예약은 아버지가 할 거야.

💬 −자, −으면서

이들 연결어미는 시간과 관계가 있는데, 동시성의 의미 관계가 있다. 즉, 선행절과 후행절을 동시에 일어난 것으로 인식하고 이들을 나열하는 연결어미다.

① 집에 도착하자, 비가 쏟아졌어.

선생님이 웃자, 학생들도 웃었어.

바람이 불자, 나뭇잎이 떨어졌다.

그는 눈을 감자(마자), 코를 골았다.

그는 나를 보자(마자), 얼굴을 돌렸다.

② 걸어가면서, 전화를 했어.

운전을 하면서, 이야기를 나누었어요.

식사를 하면서, 신문을 봐.

차를 마시면서, 음악을 들어.

주먹을 불끈 쥐면서, 힘차게 말하였다.

💬 −다가, −고서, −아서, −으니

이들은 선행절과 후행절을 순차적으로 접속시키는 연결어미인데, '−다가'는 선행절의 일을 하는 도중에 후행절의 일을 하는 것을 나타내며(전환), '−고서'와 '−아서'는 선행절의 일을 마친 다음에 후행절의 일을 하는 것을 나타낸다. '−다가, −고서, −아서'는 각각 '−다, −고, −서'로 실현되기도 한다.

① 아이들은 자전거를 타다가, 축구를 했다.

음악을 듣다가, 공부를 했어.

학교에 다니다가, 이민을 갔지.

그림을 그리다가, 외출을 했어요.

옷을 다리다가, 전화를 받았어.

② 사원들은 조회를 마치고서, 업무를 시작한다.

　 일행들은 산 정상에 오르고서, 점심을 먹었다.

　 식사를 하고서, 차를 마셨어.

　 이곳에서는 먼저 돈을 내고서, 식사를 합니다.

　 친구를 만나고서, 집으로 왔어.

③ 공원에 가서, 친구를 만났다.

　 중국에 가서, 자금성을 구경했다.

　 오후에 은행에 가서, 돈을 찾았다.

　 거리에서 신문을 사서, 보았다.

　 직원에게 전화를 걸어서, 문의를 했다.

④ 아이가 잠에서 깨더니, 막 울더라.

　 감기약을 먹으니, 졸음이 오더라.

　 친구한테 전화를 하더니, 바로 나가더라.

　 나를 보더니, 반갑다며 웃더라.

　 집을 사더니, 바로 이사를 하더라.

〈나열 관계 연결어미〉

	시간 관련		특징
-고, -으며	시간(-)		-고: 구어체, 문어체 -으며: 문어체
-자, -으면서	시간(+)	동시	-자: -자(마자)
-다가 -고서, -아서 -으니		순차	-다(가) -고(서), -(아)서

더 배워 볼까요

생일 축하합니다	건강하세요	오래오래 사세요	생일선물
생일케익	생일파티	큰아버지	작은아버지
큰어머니	작은어머니	외숙모	

1 아래 보기에서 ( ) 안에 알맞은 나열 관계 연결어미를 골라 쓰세요. (시간 관계없음)

| -고서 | -으면서 | -고 | -자 | -다가 |

① 형은 키가 크( ), 동생은 키가 작다.

② 나는 갈비탕을 먹었( ), 친구는 해장국을 먹었다.

③ 그는 의지가 굳( ), 성실해요.

④ 삼촌은 시인( ), 소설가입니다.

⑤ 고모도 오( ), 이모도 오( ), 숙모도 오( ), 외삼촌도 올 거야.

⑥ 옷은 고모가 준비하( ), 여행 예약은 아버지가 할 거야.

2 아래 보기에서 ( ) 안에 알맞은 나열 관계 연결어미를 골라 쓰세요. (동시)

| -아서 | -으며 | -자(마자) | -고서 | -다가 |

① 집에 도착하( ), 비가 쏟아졌어.

② 선생님이 웃( ), 학생들도 웃었어.

③ 바람이 불( ), 나뭇잎이 떨어졌다.

④ 그는 눈을 감( ), 코를 골았다.

⑤ 그는 나를 보( ), 얼굴을 돌렸다.

3 아래 보기에서 ( ) 안에 알맞은 나열 관계 연결어미를 골라 쓰세요. (동시)

| -으면서 | -다가 | -아서 | -으며 | -고 | -고서 |

① 걸어가( ), 전화를 했어.

② 운전을 하( ), 이야기를 나누었어요.

③ 식사를 하( ), 신문을 봐.

④ 차를 마시(   ), 음악을 들어.

⑤ 주먹을 불끈 쥐(   ), 힘차게 말하였다.

4 아래 보기에서 (   ) 안에 알맞은 나열 관계 연결어미를 골라 쓰세요. (순차, 전환)

　　　－고서　　　　－자　　　　－으며　　　　－다가　　　　－고　　　　－으면서

① 아이들은 자전거를 타(   ), 축구를 했다.

② 음악을 듣(   ), 공부를 했어.

③ 학교에 다니(   ), 이민을 갔지.

④ 그림을 그리(   ), 외출을 했어요.

⑤ 옷을 다리(   ), 전화를 받았어.

5 다음 (   ) 안에 알맞은 나열 관계 연결어미를 골라 쓰세요. (순차)

　　　－자　　　　　－으며　　　　　－아서　　　　　－고서　　　　　－으면서

① 사원들은 조회를 마치(   ), 업무를 시작한다.

② 일행들은 산 정상에 오르(   ), 점심을 먹었다.

③ 식사를 하(   ), 차를 마셨어.

④ 이곳에서는 먼저 돈을 내(   ), 식사를 합니다.

⑤ 친구를 만나(   ), 집으로 왔어.

6 다음 (   ) 안에 공통으로 들어갈 나열 관계 연결어미를 골라 쓰세요. (순차)

　　　－자　　　　　　－아서　　　　　　－으면서　　　　　　－으며

① 공원에 가(   ), 친구를 만났다.

② 중국에 가(   ), 자금성을 구경했다.

③ 오후에 은행에 가(   ), 돈을 찾았다.

④ 거리에서 신문을 사(   ), 보았다.

⑤ 직원에게 전화를 걸(   ), 문의를 했다.

7 다음 (　　　) 안에 공통으로 들어갈 나열 관계 연결어미를 골라 쓰세요. (순차)

| −으니 | −다가 | −고 | −으며 | −으면서 | −아서 |

① 아이가 잠에서 깨더(　　　), 막 울더라.

② 감기약을 먹(　　　), 졸음이 오더라.

③ 친구한테 전화를 하더(　　　), 바로 나가더라.

④ 나를 보더(　　　), 반갑다며 웃더라.

⑤ 집을 사더(　　　), 바로 이사를 하더라.

18 | 휴대전화

주웬웬: 한리야, 나 오늘 휴대전화를 샀어.

한　리: 그래? 어머, 좋겠다. 어디 좀 보자.

주웬웬: 응, 이건 최신모델에다 슬라이드방식이야. 어떠니?

한　리: 와, 좋다. 그런데 전화번호가 뭐니?

주웬웬: 응, 010-1234-5678이야.

한　리: 그런데 어디에서 샀니?

주웬웬: 왜? 너도 사려고?

　　　　요즘에 대리점에서 할인판매를 하더라. 그래서 싸게 산 거야.

한　리: 나도 사고 싶지만 살 형편이 안 돼.

　　　　그런데 오히려 네가 불편하겠다.

주웬웬: 내가? 왜? 휴대전화가 있는데.

한　리: 너는 휴대전화가 있는데 나는 없으니까.

주웬웬: 아, 그렇구나.

휴대전화 [휴대저놔]

010-1234-5678 [공일공–일이삼사(에) 오륙칠팔]

할인판매 [하린판매]

오히려 [오이려]

없으니까 [업스니까→업쓰니까]

좋겠다 [조켙따 / 조케따]

샀니 [삳니→산니]

싫지만 [십찌만]

있는데 [읻는데→인는데]

그렇구나 [그러쿠나]

어휘 vocabulary

휴대전화	사다	최신모델	슬라이드방식
전화번호	대리점	할인판매	싸다
형편	오히려	불편하다	있다
없다			

연결어미-대등 접속문 구성(對等接續文 構成) ························

대조(역접) 관계(對照關係)

이것은 선행절과 후행절이 대조(역접) 관계에 있는 연결어미들인데, 여기에는 '−지만, −는데' 등이 있다.

   ① 열심히 공부했지만, 불합격했어.
     병원에 갔지만, 문이 닫혔다.
     민수는 키가 크지만, 성민이는 키가 작아요.
   ② 바닷물은 깨끗한데, 너무 깊어.
     옷은 좋은데, 옷값이 비싸다.
     그 사람은 똑똑한데, 좀 게으르다.

🗨 이건

'이건'은 '이것은'에서 'ㅅ 으'가 생략된 다음 '이거+ㄴ'이 축약된 형태다. '저건'(←저것은), '그건'(←그것은)도 이와 마찬가지다.

    저건 장미꽃이야.
    그건 네 책임이야.

🗨 최신모델에다 슬라이드방식이야

여기에서 '−에다'는 처격조사 '−에'에 '강조'의 뜻을 나타내는 보조조사 '−다가'가 결합한 것인데, '−다'는 '−다가'의 생략형이다.

    둘에다 셋을 더하면 다섯이야.
    아이들이 벽에다 낙서를 했어.
    병에다 물을 부었다.
    그녀는 미모에다 노래까지 잘 한다.

오늘은 금요일에다 국경일이다.

강아지가 거실에다 오줌을 쌌어요.

💬 010-1234-5678

전화번호를 말할 때 한자어 수사를 쓰는데, '0'의 경우는 보통 '영(零)'이라고 하지 않고 '공(空)'이라고 말한다. 따라서 이 전화번호는 '공일공－일이삼사－오륙칠팔'이라고 읽는다. '011, 016, 017, 018'도 각각 '공일일, 공일륙, 공일칠, 공일팔'로 말한다. 그리고 간혹 한자어 수사가 혼동될 경우에는 고유어 수사를 사용하기도 한다. 예를 들어, '6557'은 '육다섯다섯칠'로 말하기도 하며, '1223'은 '하나둘둘삼'으로 말하기도 한다.

💬 휴대전화가 있는데 / 너는 휴대전화가 있는데 나는 없으니까

이 두 문장에서 '－는데'와 '－으니까'는 모두 연결어미가 종결어미로 전용된 형식이다. 이들은 원래 다음과 같이 쓰인 것으로 볼 수 있다.

① 휴대전화가 있는데, 왜 불편해?
② 너는 휴대전화가 있는데, 나는 없으니까, 네가 불편하지.

위의 예 ①에서 '－는데' 다음에 '왜 불편해'가 생략된 것으로 볼 수 있으며, 예 ②에서는 '－으니까' 다음에 '네가 불편하지'가 생략된 것으로 볼 수 있다. 이에 따라 '있는데'와 '없으니까'가 그대로 종결어미로 전용된 것으로 해석할 수 있다.

▌ 더 배워 볼까요 ▌

문자통화	음성통화	배터리충전	발신자표시
영상통화	이동통신	기지국	무료통화
메시지	단축키	저장	가입자
전원이 꺼져 있습니다		고객이 통화 중입니다	

1 아래 보기처럼 두 문장을 연결어미로 이어 보세요.

> 열심히 공부했다. 불합격했다. (-지만)
> ····▶ 열심히 공부했지만, 불합격했다.

① 잠을 잤다. 그래도 졸려. (-지만)

····▶

② 병원에 갔다. 문이 닫혔다. (-지만)

····▶

③ 형은 키가 크다. 동생은 작다. (-지만)

····▶

2 아래 보기처럼 두 문장을 연결어미로 이어 보세요.

> 시간은 없다. 할 일은 많습니다. (-는데)
> ····▶ 시간은 없는데, 할 일은 많습니다.

① 그 사람은 똑똑하다. 좀 게으르다. (-은데)

····▶

② 목이 마르다. 물이 없어요. (-은데)

····▶

③ 옷은 좋다. 옷값이 비싸다. (-은데)

····▶

④ 나도 사고 싶어. 살 형편이 안 돼. (-은데)

····▶

3 다음 (   ) 안에 알맞은 조사를 써 넣으세요. (처격조사+강조 보조조사)

① 둘(   ) 셋을 더하면 다섯이야.

② 아이들이 벽(   ) 낙서를 했어.

③ 병(   ) 물을 부었다.

④ 그녀는 미모(   ) 노래까지 잘 한다.

⑤ 오늘은 금요일(   ) 국경일이다.

⑥ 강아지가 거실(   ) 오줌을 쌌어요.

4 아래 보기처럼 대답해 보세요.

저것은 무엇이니? (세탁기)

⋯⋯▶ 저건 세탁기야.

이것은 무엇입니까? (갈비탕)

⋯⋯▶

5 다음의 핸드폰(휴대전화) 번호를 말해 보세요.

① 011-123-4567

⋯⋯▶

② 010-6557-4108

⋯⋯▶

③ 010-8699-1533

⋯⋯▶

19 | 음식점에서

왕위에: 오늘은 한식집에 가서 식사를 하자.

주웬웬: 무엇을 먹고 싶은데?

한 리: 난 갈비탕을 먹고 싶어.

왕위에: 난 숯불갈비를 먹고 싶어.

　　　　주웬웬, 너는?

주웬웬: 응, 나는 냉면을 먹고 싶은데.

왕위에: 아무튼 음식점에 가서 결정하자.

종업원: 어서 오십시오. 저쪽 방으로 들어가세요.

한 리: 여기는 숯불갈비집이네.

　　　　그럼, 고기를 먹어야겠네.

　　　　어떻게 하지?

주웬웬: 그럼 할 수 없지.

오늘은 고기를 먹자.

한우고기도 있고 수입고기도 있네.

종업원: 한우고기를 드시든 수입고기를 드시든 어느 고기든 다 맛있습니다.

저희 업소에서는 품질 좋은 고기만을 들여옵니다.

왕위에: 그러면 한우고기를 주세요.

한 리: 숯불에다 구워 먹을까?

아니면 샤브샤브로 먹을까?

종업원: 굽거나 샤브샤브로 하거나 맛은 비슷할 겁니다.

주웬웬: 아무래도 숯불에 굽는 것이 좋을 것 같은데.

어때?

왕위에: 그래. 그렇게 하자.

종업원: 네, 알겠습니다.

바로 준비하겠습니다.

발음 Pronunciation

음식점에서 [음식쩌메서]

식사 [식싸]

숯불갈비 [숟불갈비 → 숟뿔갈비 / 수뿔갈비]

저쪽 방으로 [저쪽빵으로]

할 수 없지 [할쑤업찌]

수입고기 [수입꼬기]

업소 [업쏘]

굽거나 [굽꺼나]

좋을 것 같은데 [조을껃까튼데 / 조을꺼까튼데]

한식집 [한식찝]

먹고 싶은데 [먹꼬시픈데 / 머꼬시픈데]

결정하자 [결쩡아자]

먹어야겠네 [머거야겐네]

한우고기 [하누고기]

맛있습니다 [마싣씀니다 / 마시씀니다]

숯불에다 [숟뿌레다 / 수뿌레다]

비슷할 겁니다 [비스탈껌니다]

어휘 vocabulary

음식점	한식집	난(나는)	무엇
식사	갈비탕	숯불갈비	냉면
먹다	아무튼	결정하다	저쪽
방	들어가다	고기	한우고기
수입고기	―든(지)~―든(지)	어느	맛있다
업소	품질	좋다	들여오다
굽다	아니면	샤브샤브	―거나~―거나
비슷하다	아무래도	바로	준비하다
종업원			

연결어미-대등 접속문 구성(對等接續文 構成) ‥‥‥‥‥‥‥‥‥‥‥

선택(선접) 관계(選擇關係)

이것은 선행절과 후행절이 선택(선접) 관계에 있는 연결어미들인데, 여기에는 '-거나~-거나, -든지~-든지' 등이 있다. 이들 어미는 중첩되어 실현되는데, '-건, -든'으로 생략되기도 한다.

① 빵을 먹거나 고기를 먹거나, 소화가 잘 된다.
   축구를 하거나 농구를 하거나, 숙제는 해야 돼.
   일을 하건 말건, 신경 쓰지 마세요.
② 시장을 가든지 백화점을 가든지, 사람들이 너무 많아요.
   기차를 타든지 고속버스를 타든지, 좌석표가 필요해.
   이 달에 가든 다음 달에 가든, 꼭 여행을 갈 거야.

🗨 아무튼

이것은 '어떻든, 어쨌든, 하여튼'의 뜻을 가진 부사이다. 위 대화에서 갈비탕을 먹든, 숯불갈비를 먹든, 냉면을 먹든 상관이 없다는 뜻이다.

아무튼 그 사람을 만나 봅시다.
아무튼 이번 일은 아주 중요합니다.
아무튼 다음 주에 만나서 이야기를 해 봅시다.
아무튼 신경을 써 주셔서 고맙습니다.
아무튼 푹 쉬어.

🗨 너는?

이것은 '너는'으로 의문문이 이루어진 것인데, 이것은 원래 '너는 무엇을 먹을 것이니?', 또는 '너는 무엇을 먹을래?' 두 가지 형식으로 된 것으로 볼 수 있다. 이 경우 목적어와 서술어 부분이 생략되었는데, 이것은 화자와 청자 모두가 그 생략된 문장성분을 인식하고 있기 때문이다. 즉, 생략해도 의미 전달에 지장이 없기 때문이다.

① 나는 카레라이스를 먹겠어.

   너는?

② 나는 과제물을 끝냈어.

   너는?

💬 아무래도

이 말은 '아무리 하여도'가 축약된 부사이다.

그 일은 아무래도 가망이 없어.

아무래도 올해는 대학을 쉬어야겠어.

아무래도 비가 올 것만 같아요.

아무래도 합격하기가 힘들 것 같아요.

아무래도 처음에는 운전하기가 겁날 거야.

더 배워 볼까요

차림표 / 메뉴판	주문	설렁탕	비빔밥
해장국	해물탕	반찬	찌개
된장국	고추장	순대	족발
새우젓	떡볶이	어묵	후식
회식	청국장	배추김치	깍두기
오이김치	동치미	파전	감자탕
곰탕	닭고기탕	공기밥	추가
오리탕	쌀밥	보리밥	상추쌈
맛깔스럽다	매콤달콤	달다	시다
짜다	맵다	싱겁다	많이 드세요
더 주세요	배 불러요	잘 먹었습니다	

1 아래 보기에서 (　　　) 안에 알맞은 연결어미를 골라 넣으세요. (선택)

　　-면　　-다가　　-고서　　-거나~-거나　　-으면서　　-고

① 빵을 먹(　　) 고기를 먹(　　　), 소화가 잘 된다.

② 축구를 하(　　) 농구를 하(　　), 숙제는 해야 돼.

③ 일을 하(　　) 말(　　), 신경 쓰지 마세요.

2 아래 보기에서 (　　　) 안에 알맞은 연결어미를 골라 넣으세요. (선택)

　　-어서　　　-든지~-든지　　　-으며　　　-다가　　　-으면서

① 시장을 가(　　) 백화점을 가(　　), 사람들이 너무 많아요.

② 기차를 타(　　) 고속버스를 타(　　), 좌석표가 필요해.

③ 이 달에 가(　　) 다음 달에 가(　　), 꼭 여행을 갈 거야.

3 다음 보기처럼 연결어미를 사용하여 문장을 이어 보세요.

　　고기를 잡다. 농사를 짓다. 마을 사람들은 늘 행복하다.
　　(-거나~-거나)
　　⋯⋯▶ 고기를 잡거나 농사를 짓거나, 마을 사람들은 행복하다.

① 비가 오다. 눈이 오다. 부모님은 쉬지 않고 일을 하신다. (-거나~-거나)

⋯⋯▶

② 차를 타다. 배를 타다. 언제나 멀미를 한다. (-든~-든)

⋯⋯▶

③ 축구를 하다. 농구를 하다. 규칙을 따라야 해. (-든~-든)

⋯⋯▶

4 다음 (   ) 안에 공통으로 들어갈 부사를 골라 넣으세요.

부디   꼭   아마도   글쎄   아무튼   만약

① (   ) 그 사람을 만나 봅시다.
② (   ) 이번 일은 아주 중요합니다.
③ (   ) 다음 주에 만나서 이야기를 해 봅시다.
④ (   ) 신경을 써 주셔서 고맙습니다.
⑤ (   ) 푹 쉬어.

5 다음 (   ) 안에 공통으로 들어갈 부사를 골라 넣으세요.

아무쪼록   아무리   아무래도   아마   반드시   별로

① (   ) 올해는 대학을 쉬어야겠어.
② (   ) 비가 올 것만 같아요.
③ (   ) 합격하기가 힘들 것 같아요.
④ (   ) 처음에는 운전하기가 겁날 거야.

20 | 기숙사 생활은 어때요?

이한솔: 안녕하세요? 요즘 어떻게 지내세요?

주웬웬: 네, 잘 지내고 있어요.

이한솔: 기숙사 생활은 어때요?

주웬웬: 네, 기숙사 시설이 좋아서 불편함이 없어요.

이한솔: 기숙사 방에는 중국 학생들만 있나요?

주웬웬: 아니에요. 한국 학생도 있어요.

　　　　한국 학생이 있으니까 여러 가지가 좋아요.

　　　　무엇보다도 한국어로 말할 수 있어서 좋아요.

　　　　한국 학생은 중국어를 배울 수 있어서 좋대요.

이한솔: 한국과 중국의 문화교류네요. 아주 재미있겠네요.

　　　　기숙사 생활규칙은 어때요?

주웬웬: 네, 엄격해요.

　　　　공동생활이라서 규칙을 잘 지켜야 해요.

　　　　어제는 외출시간을 지키느라고 택시를 탔어요.

이한솔: 유학생활이 어려울 거예요. 힘내세요.

기숙사 [기숙싸]   생활은 [생와른]

불편함이 [불펴나미]   없어요 [업써요]

학생 [학쌩]   말할 수 [마랄쑤]

재미있겠네요 [재미읻껜네요 / 재미이겐네요]   엄격해요 [엄껴캐요]

어휘 vocabulary

기숙사	생활	ㅡ아서	시설
불편하다	ㅡ으니까	여러 가지	문화교류
재미있다	생활규칙	엄격하다	공동생활
지키다	어제	외출시간	ㅡ느라고
유학생활	어렵다	힘내다	

연결어미-종속 접속문 구성(從屬接續文 構成) ·············

1. 인과 관계(因果關係)

종속 접속은 선행절이 후행절에 대해 종속적인 의미 관계를 이루는 구성이다. 인과 관계는 선행절과 후행절이 인과 관계를 이루는 구성인데, 여기에는 '-어서, -으니(까), -느라고' 등의 연결어미가 있다.

① 너무 시끄러워서, 잠을 못 잤어요.

　음식을 너무 먹어서, 소화제를 먹었어.

　비가 와서, 행사가 취소되었습니다.

　옷이 커서, 다시 바꾸었어요.

　장학금을 받아서, 기분이 아주 좋아요.

② 꽃을 보니까, 마음이 상쾌하네요.

　봄이 오니까, 몸이 나른하다.

　책을 많이 읽으니까, 어휘력이 늘어요.

　눈이 오니까, 길이 미끄럽다.

　날이 더우니까, 에어컨이 잘 팔려요.

③ 시험공부를 하느라고, 밤을 새웠다.

　전화를 받느라고, 밥이 탄 줄도 몰랐네.

　서둘러 오느라고, 물건도 못 샀어.

　친구를 만나느라고, 집에 늦게 왔다.

　논문 준비를 하느라고, 눈 코 뜰 새가 없다.

💬 불편함

여기에서 '-음'은 '-기'와 마찬가지로 동사나 형용사 어간에 결합하여 이들을 명사로 만든다. '불편함'은 형용사 어간인 '불편하-'에 명사형 접미사 '-음'이 결합한 것이다. 이렇게 하여 '불편함'은 다른 명사처럼 조사와 결합하여 여러 문장성분이 된다. 여기에서 '불편함'은 '(기숙사가) 불편하다'에서 주어인 '기숙사'와 관련하여 서술어의 자격을 가지면서 주격조사 '-이'와 결합하여 뒤에 있는 서술어 '없다'의 주어 기능을 한다. 그런데 이 활용형은 그리 생산적이지 못하다. 그 대신 '하는 것'으로 대체되는 경향이 많다.

불편함이 없어요. ····▶ 불편한 것이 없어요.

서둘러 감이 좋을 거야. ····▶ 서둘러 가는 것이 좋을 거야.

스트레스를 해소함이 좋다. ····▶ 스트레스를 해소하는 것이 좋다.

규칙적으로 생활함이 좋다. ····▶ 규칙적으로 생활하는 것이 좋다.

예의를 지킴은 사람의 도리다. ····▶ 예의를 지키는 것은 사람의 도리다.

한편, '-음'은 동사나 형용사 어간에 결합하여 파생 명사를 만든다.

춤(← 추다)	잠(← 자다)
짐(← 지다)	삶(← 살다)
죽음(← 죽다)	도움(← 돕다)
웃음(← 웃다)	울음(← 울다)
믿음(← 믿다)	걸음(← 걸음← 걷다)
싸움(← 싸우다)	배움(← 배우다)
그림(← 그리다)	기쁨(← 기쁘다)
슬픔(← 슬프다)	그리움(← 그립다)

💬 **좋대요**

이것은 '좋다고 해요'에서 인용을 나타내는 특수조사 '-고 하-'가 생략된 다음에 나머지 형태들이 축약된 모습이다.

물만 마신대요(← 마신다고 해요).　책을 본대요(← 본다고 해요).

너무 덥대요(← 덥다고 해요).　오늘 온대요(← 온다고 해요).

걱정하지 말래요(← 말라고 해요).　꼭 물어보래요(← 물어보라고 해요).

더 배워 볼까요

면회	기상	소등	세탁실
샤워실	매점	사감 선생님	사물함

1 아래 보기처럼 연결어미를 이용하여 두 문장을 이어 보세요.

> 너무 시끄럽다. 잠을 못 잤다. (−어서)
>
> ⋯⋯▶ 너무 시끄러워서, 잠을 못 잤다.

① 음식을 너무 먹다. 소화제를 먹었다. (−어서)

⋯⋯▶

② 비가 오다. 행사가 취소되었다. (−어서)

⋯⋯▶

③ 옷이 크다. 다시 바꾸었다. (−어서)

⋯⋯▶

④ 장학금을 받다. 기분이 아주 좋다. (−아서)

⋯⋯▶

2 아래 보기처럼 연결어미를 이용하여 두 문장을 이어 보세요.

> 꽃을 보다. 마음이 상쾌하다. (−으니까)
>
> ⋯⋯▶ 꽃을 보니까, 마음이 상쾌하다.

① 봄이 오다. 몸이 나른하다. (−으니까)

⋯⋯▶

② 책을 많이 읽다. 어휘력이 는다. (−으니까)

⋯⋯▶

③ 눈이 오다. 길이 미끄럽다. (−으니까)

⋯⋯▶

④ 날이 덥다. 에어컨이 잘 팔린다. (−으니까)

⋯⋯▶

3 아래 보기처럼 연결어미를 이용하여 두 문장을 이어 보세요.

> 시험공부를 하다. 밤을 새웠다. (-느라고)
> ⋯⋯▶ 시험공부를 하느라고, 밤을 새웠다.

① 전화를 받다. 밥이 탄 줄도 몰랐다. (-느라고)

⋯⋯▶

② 서둘러 오다. 물건도 못 샀다. (-느라고)

⋯⋯▶

③ 친구를 만나다. 집에 늦게 왔다. (-느라고)

⋯⋯▶

④ 논문을 준비하다. 눈 코 뜰 새가 없다. (-느라고)

⋯⋯▶

4 아래 보기처럼 서술어 부분을 축약해 보세요.

> 어제 책을 샀다고 합니다. ('-고 하-' 생략)
> ⋯⋯▶ 어제 책을 샀답니다.

① 너무 피곤해서 쉬었다고 합니다.

⋯⋯▶

② 다음에 꼭 오겠다고 합니다.

⋯⋯▶

③ 이번에는 꼭 합격하겠다고 합니다.

⋯⋯▶

5 다음 명사형을 '-ㄴ 것' 형으로 바꾸어 보세요.

① 불편함이 없어요. ⋯⋯▶

② 스트레스를 해소함이 좋아요. ⋯⋯▶

③ 예의를 지킴은 사람의 도리다. ⋯⋯▶

21 | 병원에서

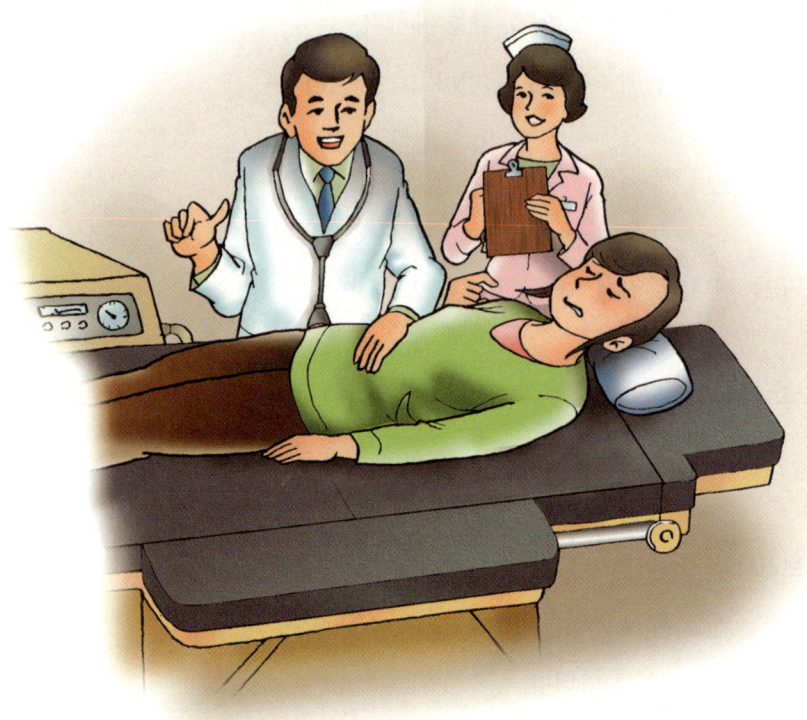

간호사: 어서 오세요.

　　　　어디가 아프세요?

왕위에: 진찰을 받으러 왔어요.

　　　　오늘 새벽부터 갑자기 배가 아프기 시작했어요.

간호사: 네, 알겠습니다.

　　　　의료보험증 있어요?

왕위에: 네, 여기 있어요.

간호사: 아, 중국에서 오셨군요. 조금만 기다리세요.

　　　　지금 다른 환자 분이 진찰을 받고 있거든요.

간호사: 왕위에 님, 진찰실로 들어오세요.

의　사: 어디가 아프세요?

왕위에: 네, 배가 아픕니다.

　　　　오늘 새벽부터 아프기 시작했어요.

　　　　그래서 아침도 못 먹었어요.

의　사: 그래요.

　　　　이쪽 진찰대에 누워 보세요.

　　　　어제 저녁식사는 잘 했어요?

왕위에: 네, 잘 먹었어요.

의　사: 진찰을 해 보니 별다른 이상은 없어요.

　　　　일시적인 복통이니까 너무 걱정하지 말아요.

왕위에: 지금 유학생활을 하고 있거든요.

　　　　그래서 걱정이 됩니다.

의　사: 약을 먹으면 곧 나을 거예요.

　　　　건강해야 유학생활도 잘 할 수 있지요.

　　　　몸이 아프면 바로 병원에 오세요.

왕위에: 네, 고맙습니다.

발음 Pronunciation

병원에서 [병워네서]

새벽부터 [새벽뿌터]

일시적인 [일씨저긴]

유학생활을 [유악쌩와를]

받으러 왔어요 [바드러와써요]

못 먹었어요 [몯먹어써요 → 몬머거써요]

걱정하지 [걱쩡아지]

잘 할 수 있지요 [자랄쑤읻찌요 / 자랄쑤이찌요]

어휘 vocabulary

병원	아프다	진찰	—으러
새벽	배	시작하다	의료보험증
기다리다	환자	받다	진찰실
진찰대	눕다	저녁식사	별다르다
이상	일시적	복통	너무
걱정하다	—으면	곧	낫다
건강하다	—어야	몸	바로

연결어미-종속 접속문 구성(從屬接續文 構成)

조건 관계(條件關係)

이것은 선행절이 후행절에 대해 조건 관계를 이루는 구성이다. 여기에는 '-으면, -거든, -어야' 등이 있다.

    ① 열심히 노력하면, 성공한다.
       봄이 되면, 꽃이 핀다.
       약속을 지키지 않으면, 신뢰를 잃는다.
       화재가 발생하면, 즉시 신고를 해야 합니다.
       음악을 들으면, 마음이 차분해진다.
    ② 비가 오거든, 빨래를 걷어라.
       멀미를 하거든, 약을 먹어.
       옷이 작거든, 바꾸러 오세요.
       서점에 가거든, 책 좀 사다 주세요.
       돈이 모자라거든, 전화를 해.
    ③ 일을 끝내야, 퇴근할 수 있어.
       밤이 되어야, 별을 볼 수 있지.
       부지런해야, 잘 살 수 있다.
       비가 와야, 채소가 잘 자란다.
       학생증이 있어야, 강의를 들을 수 있어요.

🗩 -으러

이것은 행위의 목적을 나타내는 연결어미다. 위 대화의 '진찰을 받으러 왔어요'에서 '진찰을 받는 행위'가 병원에 온 목적인데, 이것을 '-으러'가 수행하고 있다.

    책을 사러, 서점에 갔어요
    점심을 먹으러, 식당에 갔다.
    생선을 사러, 시장에 갔대요.

영화를 보러, 극장에 갔어.

목욕하러, 목욕탕에 가요.

🗨 분

이것은 '분'은 주로 지시대명사나 관형어 다음에 쓰이어, '사람'을 높이어 일컫는 불완전명사이다. '환자 분'에서는 명사 '환자' 뒤에 쓰이어, '환자'를 높이고 있다.

이 / 그 / 저 분이 김 박사입니다.

여러 분, 안녕하십니까?

저기에 계신 분이 누구입니까?

이 안건에 반대하시는 분들은 손을 들어 주세요.

🗨 아침도 못 먹었어요

여기에서 '아침'은 '아침밥'의 준말인데, '점심, 저녁'도 각각 '점심밥, 저녁밥'의 준말이다.

아침을 잘 먹어야 해. (←아침밥)

점심 드셨어요? (←점심밥)

저녁 먹으러 가자. (←저녁밥)

더 배워 볼까요

내과	외과	치과	정형외과
이비인후과	신경정신과	혈압	시력
처방전	약국	위염	소화불량
간염	장염	위장약	소화제
눈병	증상	엑스선 검사	내시경 검사
조직 검사	초음파 검사	건강 검진	

1 다음 (　　　) 안에 알맞은 연결어미를 골라 써 넣으세요. (조건)

　　　−다가　　−고서　　−어서　　−느라고　　−으면　　−자

① 열심히 노력하(　　　), 성공한다.

② 봄이 되(　　　), 꽃이 핀다.

③ 약속을 지키지 않(　　　), 신뢰를 잃는다.

④ 화재가 발생하(　　　), 즉시 신고를 해야 합니다.

⑤ 음악을 들(　　　), 마음이 차분해진다.

2 다음 (　　　) 안에 알맞은 연결어미를 골라 써 넣으세요. (조건)

　　　−으면서　　−도록　　−으니　　−으러　　−거든

① 비가 오(　　　), 빨래를 걷어라.

② 멀미를 하(　　　), 약을 먹어.

③ 옷이 작(　　　), 바꾸러 오세요.

④ 서점에 가(　　　), 책 좀 사다 주세요.

⑤ 돈이 모자라(　　　), 전화를 해.

3 아래 보기처럼 연결어미로 두 문장을 이어 보세요.

　　　일을 끝낸다. 퇴근할 수 있어. (−어야)

　　　┈┈▶ 일을 끝내야, 퇴근할 수 있어.

① 밤이 되다. 별을 볼 수 있지. (−어야)

　　　┈┈▶

② 부지런하다. 잘 살 수 있다. (−어야)

　　　┈┈▶

③ 비가 오다. 채소가 잘 자란다. (一아야)

‥‥▶

④ 학생증이 있다. 강의를 들을 수 있어요. (一어야)

‥‥▶

4 아래 보기처럼 물음에 답하세요.

> 어디가 아프세요? (배, 머리)
> ‥‥▶ 배하고 머리가 아파요.

① 어디가 아프세요? (발, 무릎)

‥‥▶

② 어디가 아프세요? (눈, 귀)

‥‥▶

③ 어디가 아프세요? (팔, 어깨)

‥‥▶

5 아래 보기처럼 물음에 답하세요.

> 왜 저녁을 못 먹었어요? (배가 아프다. 一어서)
> ‥‥▶ 배가 아파서 못 먹었어요.
> ‥‥▶ 배가 아파서요.

① 왜 늦었어요? (늦잠을 자다. 一어서)

‥‥▶

‥‥▶

② 왜 가을을 좋아해요? (단풍이 곱다. 一어서)

‥‥▶

‥‥▶

22 | 찜질방 이야기

이현정: 어머, 한리 씨 아니에요?

한 리: 어머, 안녕하세요? 여기서 만나네요.

이현정: 전에 같이 강의를 들었잖아요.

한 리: 아, 생각나네요. 아마 교양강의였을 거예요.

이현정: 찜질방에 혼자 왔어요?

한 리: 네, 오늘은 혼자 왔어요. 그동안 몸이 찌뿌듯했거든요.
       그래서 피로를 풀러 찜질방에 왔어요.

이현정: 잘 왔어요. 한국 사람들은 찜질방을 아주 좋아해요.
       찜질방에서 몸을 지지면 몸이 아주 가뿐해져요.

한 리: 아니, 몸을 어떻게 지져요?

이현정: 아, 그건 뜨거운 찜질방에 들어가 일부러 땀을 빼는 거예요. 그러면 몸이 가벼워져요.

한 리: 그래서 사람들이 많이 왔군요.

이현정: 우리도 찜질방에 들어갈까요?

한 리: 사실 저도 땀을 빼려고 왔거든요. 그래요, 오늘 한번 몸을 지져보죠.

이현정: 한리 씨도 찜질방에 중독이 된 것 같아요.

한 리: 어머, 그런가요?

같이 [가치]　　　　　　　　　　　　강의 [강의 / 강이]

들었잖아요 [들얻잔아요 → 드런짜나요 / 드러짜나요]

찌뿌듯했거든요 [찌뿌듣핻거든요 → 찌뿌드탣꺼드뇨 / 찌뿌등해꺼드뇨]

가뿐해져요 [가쁘내져요]　　　　　　왔군요 [완꾸뇨 / 와꾸뇨]

왔거든요 [완꺼드뇨 / 와꺼드뇨]

어휘 vocabulary

찜질방	이야기	만나다	강의
듣다	생각나다	아마	교양강의
혼자	찌뿌듯하다	―으러	피로
풀다	지지다	가뿐하다	뜨겁다
일부러	땀	빼다	가볍다
들어가다	―으려고	중독	

연결어미-종속 접속문 구성(從屬接續文 構成) ∙∙∙∙∙∙∙∙∙∙∙∙∙∙∙∙∙∙∙∙∙∙∙∙∙∙∙∙∙∙∙∙∙

목적 관계(目的關係)

이것은 선행절이 후행절에 대해 목적 관계를 이루는 구성이다. 여기에는 '−으러, −으려고, −고자' 등이 있다.

① 꽃을 사러, 꽃집에 갔어.

　　책을 보러, 도서관에 갔어요.

　　사진을 찍으러, 공원에 갑니다.

　　새 차를 보러, 전시회에 갔어요.

　　나무를 심으러, 산에 간다.

② 집을 사려고, 열심히 저축을 해요.

　　대학교에 들어가려고, 아주 열심히 공부해요.

　　등산을 하려고, 나갔어요.

　　서울에 빨리 가려고, 비행기를 탔어요.

　　진찰을 받으려고, 병원에 갔어.

③ 지지율을 높이고자, 안간힘을 쓰고 있습니다.

　　반대하는 사람들을 설득하고자, 노력하고 있어요.

　　어려운 사람들을 돕고자, 해외로 갔다.

　　이해를 돕고자, 통계자료를 보여 드리겠습니다.

　　결혼을 하고자, 양가의 허락을 받았다.

🗨 땀을 빼다

동사 '빼다'는 '끼이어 있는 물건을 밖으로 나오게 하다', '여럿 가운데서 얼마를 덜어내다' 등의 의미를 가지고 있는데, 여기에서는 이러한 뜻하고는 거리가 있다. 즉, '땀을 빼다'에서는 '땀을 인위적으로 나오게 하다'라는 뜻을 나타낸다. 찜질방과 같은 뜨거운 곳에 들어가 땀을 나오게 하는 것을 '땀을 빼다'라고 표현한다.

사우나에서 땀을 뺐다.
운동으로 몸무게를 뺐다.

● -거든

 이것은 감탄을 나타내는 종결어미인데, 상대를 높이지 않는다. 여기에 높임의 특수조사 '-요'를 결합하여 상대를 높일 수 있다. '-거든요'

 저는 봄이 좋거든요.
 옷이 너무 크거든요.
 잠을 너무 많이 자거든요.
 일을 잘 하거든요.
 학교가 멀거든요.

더 배워 볼까요

수면실	한증막	황토방	숯가마
찜질복	탈의실	사우나	얼음방

1 다음 (   ) 안에 알맞은 연결어미를 골라 넣으세요. (목적)

−으러   −으면   −어야   −거나~−거나   −으니까

① 꽃을 사(   ), 꽃집에 갔어.

② 책을 보(   ), 도서관에 갔어요.

③ 사진을 찍(   ), 공원에 갑니다.

④ 새 차를 보(   ), 전시회에 갔어요.

⑤ 나무를 심(   ), 산에 간다.

2 아래 보기처럼 대답해 보세요.

왜 그렇게 열심히 저축을 해요? (집을 사다, −으려고요)

⋯⋯▶ 네, 집을 사려고요.

① 왜 그렇게 열심히 공부해요? (대학에 들어가다, −으려고요)

⋯⋯▶

② 왜 나갔어요. (등산을 하다, −으려고요)

⋯⋯▶

③ 왜 비행기를 탔어요? (서울에 빨리 가다, −으려고요)

⋯⋯▶

④ 왜 병원에 갔어요? (진찰을 받다, −으려고요)

⋯⋯▶

3 아래 보기처럼 두 문장을 연결어미를 이용하여 이어 보세요.

지지율을 높이다. 안간힘을 쓰고 있습니다. (−고자)

⋯⋯▶ 지지율을 높이고자, 안간힘을 쓰고 있습니다.

① 반대하는 사람들을 설득하다. 노력하고 있어요. (-고자)

  ····▶

② 어려운 사람들을 돕다. 해외로 갔다. (-고자)

  ····▶

③ 이해를 돕다. 통계자료를 보여 드리겠습니다. (-고자)

  ····▶

④ 결혼을 하다. 양가의 허락을 받았다. (-고자)

  ····▶

4 아래 보기처럼 종결어미를 바꿔 말해 보세요.

> 저는 봄이 좋아요 (-거든요) ····▶ 저는 봄이 좋거든요

① 옷이 너무 커요 (-거든요) ····▶
② 잠을 너무 많이 자요 (-거든요) ····▶
③ 일을 잘 해요 (-거든요) ····▶
④ 학교가 멀어요 (-거든요) ····▶

5 아래 보기처럼 질문에 답해 보세요.

> 찜질방에 혼자 왔어요? (아니요, 친구)
>   ····▶ 아니요, 친구하고 왔어요

① 오늘 비가 왔어요? (아니요, 안)

  ····▶

② 책을 한 권 샀어요? (아니요, 두 권)

  ····▶

③ 밖에 바람이 많이 불어요? (네)

  ····▶

23 | 대학 축제

이한솔: 우리 대학에서는 오늘부터 축제를 해요.

여러 가지 행사가 있어요.

주웬웬: 그래서 우리들을 축제에 초대했군요.

이한솔: 네, 축제행사에 와 주어서 정말로 고마워요.

5월을 계절의 여왕이라고 하죠.

좋은 계절에 행사를 해서 더욱 즐거워요.

왕위에: 그런데 축제 때 어떤 행사를 하죠?

이한솔: 네, 학과마다 달라요.

대개 학과의 특성을 살려서 행사를 해요.

아, 중어중문학과 행사를 구경해 보세요. 재미있을 거예요.

학생들이 중국 전통의상을 입고서 노래도 하고 전통악기로 연주도 한대요.

한　　리: 그러면 꼭 구경을 해야겠네요. 벌써부터 기대가 돼요.

이한솔: 축제의 절정은 아마도 노래자랑과 미인선발대회일 거예요.

왕위에: 네? 미인선발대회도 있어요?

　　　　그거 정말이에요?

이한솔: 왕위에 씨는 거기에 관심이 아주 많은가 봐요.

　　　　이왕 말이 나온 김에 미인선발대회에 한번 참가해 보세요.

　　　　제가 보건대 왕위에 씨는 충분히 입상할 수 있을 것 같은데요.

주웬웬: 그래, 한번 나가 봐.

　　　　네가 입상하도록 우리들이 응원해 줄게.

한　　리: 기회는 많지 않아.

　　　　이 기회에 네 미모를 뽐내 봐.

왕위에: 그럼 한번 나가 볼까?

축제 [축쩨]

학과 [학꽈]

입고서 [입꼬서]

해야겠네요 [해야겐네요]

초대했군요 [초대앤꾸뇨 / 초대애꾸뇨]

특성 [특썽]

전통악기 [전통악끼 / 전통아끼]

입상할 수 [입쌍알쑤]

대학 축제	행사	초대하다	계절의 여왕
즐겁다	학과	대개	특성
살리다	중어중문학과	구경하다	전통의상
입다	노래	전통악기	연주
기대	절정	아마도	노래자랑
미인선발대회	정말로	관심	이왕
김	참가	―건대	충분히
입상	―도록	응원하다	기회
뽐내다	나가다		

연결어미- 종속 접속문 구성(從屬接續文 構成) ··

1. 평가 관계(評價關係)

   이것은 선행절이 후행절에 대해 평가 관계를 이루는 구성이다. 여기에는 '−건대, −다시피'와 같은 연결어미가 있다.

① 회원들의 의견을 종합해 보건대, 찬성 쪽이 더 많아요.
   내가 보건대, 친구는 마음이 착하다.
   지난날을 돌이켜보건대, 우리들은 열심히 일했어.
   맛을 보건대, 포도주가 좀 시다.
   날씨를 보건대, 행사에는 지장이 없을 것 같아.
② 너도 알다시피 / 아다시피, 우리 형편이 좋지 않아.
   너도 보다시피, 지금 너무 바빠.
   여러 분도 알다시피 / 아다시피, 우리는 미래를 향해 전진하고 있습니다.
   너도 말했다시피, 고향이 참 좋아.
   너도 알다시피 / 아다시피, 그곳은 비가 아주 많이 내려.

2. 결과 관계(結果關係)

   이것은 선행절이 후행절에 대해 결과 관계를 이루는 구성이다. 여기에는 '−게, −도록, −으라고' 등과 같은 연결어미가 있다.

   보기에 좋게 / 도록 / 으라고, 장식을 잘 했다.
   먹기에 좋게 / 도록 / 으라고, 과일 껍질을 깎았다.
   잠을 푹 자게 / 도록 / 라고, 불을 꺼 주었다.
   물건이 잘 팔리게 / 도록 / 라고, 진열을 새롭게 했다.
   행사가 잘 되게 / 도록 / 라고, 준비를 철저히 했다.

💬 **-군**

이것은 감탄의 뜻을 나타내는 종결어미 '-구나'의 축약이다. 위 대화에서 원래는 '초대했구나'로 표현해야 하는데, 이렇게 되면 높임의 특수조사 '-요'를 결합할 수 없다('* 초대했구나요'). 이렇게 되자, '-구나'를 '-군'으로 축약한 다음에 '-요'를 붙인 것이다.

> 산이 참 아름답군요.
> 아이가 아주 영리하군요.
> 강아지가 귀엽군요.
> 옷이 참 멋지군요.
> 봄이 짧군요.

💬 **아마도**

이것은 짐작이나 추측을 나타내는 부사인데, 뒤의 서술어도 짐작이나 추측을 뜻하는 형식을 나타내어야 한다.

> 아마도 나는 모임에 참석할 수 없을 것 같아.
> 아마도 수업일 끝났을 거야.
> 아마도 내일은 비가 오겠어.

💬 **해야겠네요**

이것은 특이한 형태결합형식이다. '해야 하겠네요'에서 보조용언인 '하-'가 생략되면 '해야 겠네요'가 된다. 그런데 '-겠-'의 앞뒤에는 반드시 다른 형태소가 놓여야 한다. 이에 따라 '-겠-'은 본용언의 연결어미인 '-어야'와 결합한 것이다.

> 내일 서울에 가겠다.
> 내일 서울에 가야 하겠다.
> 내일 서울에 가야겠다.

● −ㄴ 김에

여기에서 '김'은 불완전명사인데, 이것은 관형사형 어미 '−은, −는'을 앞세워야 쓰일 수 있다. 이때 '김'은 '기회'의 의미를 나타낸다.

꽃을 본 김에 사진을 찍었다.
이왕 말이 나온 김에 우리 영화 보러 가자.
외출을 한 김에 친구를 만났다.
누운 김에 한숨 잤어요.
병원에 들른 김에 혈압을 재 보았어.

더 배워 볼까요

개막식	축하공연	사물놀이	음악회
학술제	예술제	단합대회	인기상
장기자랑	경품추첨	동아리	시상식
심사위원	대동제		

1 다음 (　　　) 안에 알맞은 연결어미를 골라 넣으세요. (평가)

　　　−으면　−어야　−건대　−으니　−으니까　−고서　−어서　−고

① 회원들의 의견을 종합해 보(　　　), 찬성 쪽이 더 많아요.

② 내가 보(　　　), 친구는 마음이 착하다.

③ 지난날을 돌이켜보(　　　), 우리들은 열심히 일했어.

④ 맛을 보(　　　), 포도주가 좀 시다.

⑤ 날씨를 보(　　　), 행사에는 지장이 없을 것 같아.

2 아래 보기처럼 연결어미를 이용하여 두 문장을 이어 보세요.

　　너도 알다. 우리 형편이 좋지 않아. (−다시피)

　⋯⋯▶ 너도 알다시피, 우리 형편이 좋지 않아.

① 너도 보다. 지금 너무 바빠. (−다시피)

　⋯⋯▶

② 너도 말했다. 고향이 참 좋아. (−다시피)

　⋯⋯▶

③ 너도 알다. 그곳은 비가 아주 많이 내려. (−다시피)

　⋯⋯▶

3 다음 (　　　) 안에 알맞은 연결어미를 모두 골라 넣으세요. (결과)

　　−으나　　　−는데　　　−게　　　−으면　　　−으라고
　　−으면서　　−으러　　　−건대　　−도록

① 보기에 좋(　　　　　　), 장식을 잘 했다.

② 먹기에 좋(　　　　　　), 과일 껍질을 깎았다.

③ 잠을 푹 자(   ), 불을 꺼 주었다.

④ 물건이 잘 팔리(   ), 진열을 새롭게 했다.

⑤ 행사가 잘 되(   ), 준비를 철저히 했다.

4 다음 (   ) 안에 알맞은 불완전명사를 골라 넣으세요.

| 수 | 것 | 척 | 리 | 체 | 양 | 바 | 김 | 바람 | 채 |

① 꽃을 본 (   )에 사진을 찍었다.

② 이왕 말이 나온 (   )에 우리 영화 보러 가자.

③ 외출을 한 (   )에 친구를 만났다.

④ 누운 (   )에 한숨 잤어요.

⑤ 병원에 들른 (   )에 혈압을 재 보았어.

5 아래 보기처럼 물음에 답해 보세요.

5월을 뭐라고 합니까? (계절의 여왕)

·····▶ 네, 계절의 여왕이라고 합니다.

① 가을을 뭐라고 합니까? (결실의 계절)

·····▶

② 버스와 지하철을 뭐라고 합니까? (시민의 발)

·····▶

③ 반도체를 뭐라고 합니까? (산업의 쌀)

·····▶

24 | 휴대전화로 문자 메시지 보내기

이한솔: 주웬웬 씨, 휴대폰을 샀다던데요?

주웬웬: 네. 여러 가지로 필요할 것 같아서요.

이한솔: 그러면 문자 메시지도 보낼 수 있겠네요?

주웬웬: 아니요. 아직 한글을 입력할 줄 몰라요.

이한솔: 그럼 가르쳐 줄게요.

　　　　휴대폰 좀 줘 보세요.

주웬웬: 여기 있어요.

이한솔: 한글을 입력하기가 아주 쉬워요.

　　　　예를 들어 가 자를 만들려면 먼저 '기역 키읔'(ㄱㅋ) 글자판에서 '기역'(ㄱ)

　　　　을 한 번만 눌러요.

　　　　그러면 'ㄱ'이 화면에 나타나요.

그 다음에 모음 글자판에서 '이'(ㅣ)를 눌러요.

그리고 '아래아'(•)를 눌러요.

그러면 갸 자가 만들어져요.

어때요? 쉽죠?

자, 한번 해 보세요.

주웬웬: 아, 그러네요.

그러면 예 자는 어떻게 입력을 하죠?

이한솔: 모음이어도 어려울 것이 없어요.

예 자를 만들려면 먼저 '이응 미음'(ㅇ ㅁ)의 글자판에서

'이응'(ㅇ)을 눌러요.

그 다음에 '아래아'(•)를 두 번 눌러요.

그 다음에 '이'(ㅣ)를 두 번 누르면 예 자가 만들어져요.

경음을 입력할 때는 기본자를 세 번 누르면 돼요.

예를 들어 '쌍기역'(ㄲ)을 입력하려면

'ㄱㅋ' 글자판에서 먼저 '기역'(ㄱ)을 눌러요.

그리고 다시 한 번 더 누르면 '키읔'(ㅋ)이 나와요.

여기에서 한 번 더 누르면 '쌍기역'(ㄲ)이 입력이 돼요.

그러니까 'ㄱ'을 세 번 누르면 'ㄲ'이 되는 거예요.

주웬웬: 아, 그렇군요.

이제 알겠어요.

이한솔: 기본 글자에다 가획을 하면 원하는 글자를 만들 수 있어요.

주웬웬: 네, 아주 편리하군요.

문자 [문짜]

보낼 수 [보낼쑤]

입력할 줄 [입녁할줄→임녀칼쭐]

글자판 [글짜판]

기본자 [기본짜]

편리하군요 [펼리아구뇨]

샀다면서요 [삳따면서요 / 사따면서요]

있겠네요 [읻겓네요→읻껜네요 / 이껜네요]

입력하기 [임녀카기]

쉽죠 [쉽쬬]

그렇군요 [그러쿠뇨]

어휘 vocabulary

휴대전화 / 휴대폰	문자 보내기	필요하다	문자 메시지
보내다	아직	한글	입력하다
글자판	모르다	가르치다	쉽다
예를 들어	만들다	누르다	모음
아래아(•)	어때	−어도	어렵다
경음	기본자	한 번	두 번
세 번	글자	가획	원하다
편리하다			

연결어미- 종속 접속문 구성(從屬接續文 構成) ·············

양보 관계(讓步關係)

이것은 선행절이 후행절에 대하여 양보의 의미를 나타내는 것인데, 여기에는 '-어도, -더라도, -을지라도' 등의 연결어미가 있다.

① 아무리 힘들어도, 조금만 더 견디세요.

   산에 올라가도, 숨차지 않아.

   잠을 잤어도, 잔 것 같지 않네.

   나이가 어려도, 생각이 깊어요.

   물이 얕아도, 조심해야 해.

② 내가 없더라도, 일을 잘 처리해 줘.

   밥이 질더라도, 먹어야 해.

   만나지는 못하더라도, 연락은 하자.

   꽃은 피지 않더라도, 열매를 맺어.

   화가 나더라도, 참으세요

③ 비가 올지라도, 나는 가겠어.

   사람들이 반대할지라도, 뜻을 굽히지 않겠어요

   예약을 못 할지라도, 공항에 나가 보세요

   말이 서툴지라도, 잘 들어야 해.

   시험에 떨어질지라도, 실망하지 마.

🗣 샀다던데요?

'-다면서'는 '-다고 하던데요?'와 같은 구성에서 '-고 하-'가 생략된 다음, '-다'와 '-던데요'가 축약되어 이루어진 서술 형식이다.

   중국에 다녀왔다던데? (←다녀왔다고 하던데?)

   몸이 아프다던데? (←아프다고 하던데?)

   비가 안 온다던데? (←온다고 하던데?)

오늘은 쉰다던데? (← 쉰다고 하던데?)

시험이 어려웠다던데? (← 어려웠다고 하던데?)

💬 같아서요

이것은 '여러 가지 필요할 것 같아서, 휴대전화를 샀어요'와 같은 구성에서 연결어미 '-아서' 뒷말을 생략을 한 것이다. 이 경우 '-아서'가 종결어미로 전용된 것이다.

① 왜 혼자 왔니?

응, 그 친구가 갑자기 일이 있어서. (← 일이 있어서, 혼자 왔어.)

② 왜 학교에 안 갔니?

응, 개교기념일이라서. (← 개교기념일이라서, 안 갔어.)

③ 왜 겨울이 좋으니?

네, 스키를 탈 수 있어서요 (← 스키를 탈 수 있어서, 좋아요.)

💬 편리하군요

여기에서 '-군'은 감탄을 나타내는 종결어미인데, 높임의 특수조사 '-요'가 결합되었다. '-군'은 낮춤의 종결어미인데, 여기에 '-요'를 붙여 상대를 높이는 것이다.

오늘 날씨가 아주 좋군요.

말을 잘 하는군요.

바닷물이 깨끗하군요.

산이 매우 험하군요.

옷이 싸군요.

| 더 배워 볼까요 |

영상통화	통화중	배터리 충전	발신번호
수신번호	단축번호	음성메모	벨소리
전화번호부	메시지관리	사진 찍기	동영상 촬영

1 아래 보기처럼 두 문장을 연결어미를 이용하여 이어 보세요.

> 산에 올라가다. 숨차지 않아. (-어도)
> ┈┈▶ 산에 올라가도, 숨차지 않아.

① 잠을 잤다. 잔 것 같지 않네. (-어도)

┈┈▶

② 나이가 어리다. 생각이 깊어요. (-어도)

┈┈▶

③ 물이 얕다. 조심해야 해. (-아도)

┈┈▶

2 아래 보기처럼 연결어미를 이용하여 두 문장을 이어 보세요.

> 내가 없다. 일을 잘 처리해 줘. (-더라도)
> ┈┈▶ 내가 없더라도, 일을 잘 처리해 줘.

① 밥이 질다. 먹어야 해. (-더라도)

┈┈▶

② 만나지는 못하다. 연락은 하자. (-더라도)

┈┈▶

③ 화가 나다. 참으세요. (-더라도)

┈┈▶

3 다음 (   ) 안에 들어갈 알맞은 연결어미를 골라 넣으세요. (양보)

-거든 -고서 -아서 -을지라도 -으면서 -고 -으면

① 비가 오(   ), 나는 가겠어.

② 사람들이 반대하(   ), 뜻을 굽히지 않겠어요.

③ 예약을 못 하(   ), 공항에 나가 보세요.

④ 말이 서투르(   ), 잘 들어야 해.

⑤ 시험에 떨어지(   ), 실망하지 마.

4 아래 보기처럼 대답해 보세요.

왜 혼자 왔니?

응, 그 친구가 갑자기 일이 있어서, 혼자 왔어.

····▶ 응, 그 친구가 갑자기 일이 있어서.

① 왜 학교에 안 갔니?

응, 개교기념일이라서, 안 갔어.

····▶

② 왜 겨울이 좋으니?

네, 스키를 탈 수 있어서, 좋아요.

····▶

5 아래 보기처럼 대답해 보세요.

오늘 날씨가 아주 좋군. (-요)

····▶ 오늘 날씨가 아주 좋군요.

① 말을 잘 하는군. (-요)

····▶

② 산이 매우 높군. (-요)

····▶

25 | 중간고사

주웬웬: 한리야, 너 시험공부 많이 했니?

중간고사는 다가오는데 준비를 못 해서 걱정이야.

한　리: 나도 마찬가지야. 나도 공부를 못 했어. 왜 그런지 모르겠어.

강의 내용을 정리했는데, 외워도 외워도 외워지지 않아.

주웬웬: 너도 그러니? 나도 그래. 이번에는 시험문제가 어려울 거래.

그래서 자나 깨나 늘 시험 생각뿐이야. 그런데도 집중이 안 돼.

왕위에는 어떻게 공부하지? 궁금하네.

한　리: 응, 도서관에서 밤늦게까지 공부한대.

주웬웬: 어머, 그래? 왕위에가 부럽다. 나도 그렇게 공부 좀 했으면 좋겠다.

한　리: 우리도 오늘부터 도서관에 가서 공부하자.

문제가 어려워 보았자 우리의 의지는 꺾지 못할 거야.

주웬웬: 그래, 우리 열심히 공부하자. 힘내자.

발음 Pronunciation

못 해서 [몯해서 → 모태서]

정리했는데 [정리핻는데 → 정리앧는데]

어려울 거래 [어려울꺼래]

궁금하네 [궁금아네 → 궁그마네]

부럽다 [부럽따]

보았자 [보앋자 → 보앋짜 / 보아짜]

못할 거야 [몯할거야 → 모탈꺼야]

걱정이야 [걱쩡이야]

않아 [안아 → 아나]

집중 [집쭝]

밤늦게까지 [밤늗께까지]

좋겠다 [조켇따 / 조케따]

꺾지 [꺽지 → 꺽찌]

어휘 vocabulary

중간고사	시험공부	다가오다	준비
걱정	마찬가지	강의 내용	정리하다
외우다	어렵다	자나 깨나	생각
집중	궁금하다	도서관	밤늦다
문제	―았자	의지	꺾다

연결어미-종속 접속문 구성(從屬接續文 構成) ·······························

1. 첨의 관계(添意關係)

이것은 의미를 더해 가는 관계를 가지는 연결어미들인데, 여기에는 '-았자, -을수록'이 있다. 그런데, '-았자'는 과거시제어미 '-았-'과 연결어미 '-자'가 결합하여 구성된 형식이다.

> ① 아무리 말해 보았자, 소용이 없어요.
> 비가 와 보았자, 얼마나 오겠어요?
> 사람들이 모여 보았자, 얼마나 모이겠니?
> 추워 보았자, 이제는 겨울도 다 갔어.
> 산이 높아 보았자, 세 시간이면 오를 수 있어.
> ② 바쁠수록, 여유가 필요해.
> 잠은 잘수록, 늘어요.
> 지위가 높을수록, 겸손해야 한다.
> 나이를 먹을수록, 의젓해야지.
> 영화는 볼수록, 재미있어.

2. 강조 관계(强調關係)

강조 관계 구성은 하나의 연결어미로 실현되지 않고, 연결어미가 중첩되어 실현된다. 여기에는 '-으나~-으나, -어도~-어도, -으면~-을수록' 등이 있다.

> ① 자나 깨나, 사업만 생각해.
> 집에 있으나 밖에 있으나, 예의를 지켜야 합니다.
> 눈이 오나 비가 오나, 늘 운동을 했어요.
> 앉으나 서나, 늘 자식 걱정만 하신다.
> 차를 타거나 배를 타거나, 멀미를 해요.
> ② 이름을 불러도 불러도, 대답이 없어.
> 이 음식은 먹어도 먹어도, 질리지 않아.

걸어도 걸어도, 지치지 않아요.

옷을 빨아도 빨아도, 얼룩이 지워지지 않아.

사막은 가도 가도, 끝이 보이지 않는다.

③ 마술은 보면 볼수록, 신기해.

이 옷은 입으면 입을수록, 편해요

이 꽃은 보면 볼수록, 아름답다.

유리는 얇으면 얇을수록, 깨지기 쉽다.

거리가 멀면 멀수록, 요금이 비싸다.

🗨 어려울 거래

여기에서 '거래'는 '거라고 해'에서 '-고 하-'가 생략된 다음에 나머지 형태가 축약되어서 구성된 서술 형식이다. '거'는 불완전명사 '것'에서 받침 'ㅅ'이 탈락된 것이다.

구두를 처음 신으면, 좀 답답할 거래(← 것이라고 해)

바다를 보면, 가슴이 탁 트일 거래.

이 약을 먹으면, 졸음이 올 거래.

봄이 되면, 이사를 할 거래.

홍콩에 가면, 야경을 볼 거래.

더 배워 볼까요			
기말고사	서술형문제	답안지	채점
시험감독	필기구	수정액	

1 다음 (   ) 안에 알맞은 연결어미를 골라 넣으세요. (첨의)

−자	−자~−자	−았자	−고서
−으니까	−아서	−고	−으며

① 아무리 말해 보(   ), 소용이 없어요.

② 비가 와 보(   ), 얼마나 오겠어요?

③ 사람들이 모여 보(   ), 얼마나 모이겠니?

④ 추워 보(   ), 이제는 겨울도 다 갔어.

⑤ 산이 높아 보(   ), 세 시간이면 오를 수 있어.

2 다음 (   ) 안에 알맞은 연결어미를 골라 넣으세요. (첨의)

−을수록	−어야	−으면	−는데
−도록	−으려고	−고자	

① 바빠(   ), 여유가 필요해.

② 잠은 자(   ), 늘어요.

③ 지위가 높(   ), 겸손해야 한다.

④ 나이를 먹(   ), 의젓해야지.

⑤ 영화는 보(   ), 재미있어.

3 아래 보기처럼 연결어미를 이용하여 문장을 이어 보세요.

자다. 깨다. 사업만 생각해. (−으나~−으나)

⋯⋯▶ 자나 깨나, 사업만 생각해.

① 집에 있다. 밖에 있다. 예의를 지켜야 합니다. (−으나~−으나)

⋯⋯▶

② 눈이 오다. 비가 오다. 늘 운동을 해요 (−으나~−으나)

    ‥‥▶

③ 앉다. 서다. 늘 자식 걱정만 하신다. (−으나~−으나)

    ‥‥▶

④ 차를 타다. 배를 타다. 멀미를 해요. (−으나~−으나)

    ‥‥▶

4 다음 (   ) 안에 알맞은 연결어미를 골라 넣으세요. (강조)

   −으나~−으나   −다가   −으면서   −어도~−어도   −았자

① 이 음식은 먹(   ) 먹(   ), 질리지 않아.

② 옷을 빨(   ) 빨(   ), 얼룩이 지워지지 않아.

③ 사막은 가(   ) 가(   ), 끝이 보이지 않는다.

5 아래 보기처럼 연결어미를 이용하여 문장을 이어 보세요.

   마술을 보다. 신기해. (−으면~−을수록)

   ‥‥▶ 마술은 보면 볼수록, 신기해.

① 이 옷을 입다. 편해요 (−으면~−을수록)

    ‥‥▶

② 이 꽃을 보다. 아름답다. (−으면~−을수록)

    ‥‥▶

③ 유리가 얇다. 깨지기 쉽다. (−으면~−을수록)

    ‥‥▶

26 | 퀴즈 맞히기

사회자: 시청자 여러분, 안녕하십니까?

알쏭달쏭 퀴즈시간이 돌아왔습니다.

오늘도 생활 속에서 궁금한 점을 퀴즈로 풀어 보도록 하겠습니다.

오늘은 출연자 네 분이 예선전을 치르겠습니다.

문제를 맞히면 100점을 드립니다.

자, 그럼 문제를 드리겠습니다.

잘 듣고 맞히시기 바랍니다.

> [문제] 추운 겨울 동안 먹기 위해 담그는 김치를 무엇이라고 합니까?
> ① 간장   ② 된장   ③ 김장   ④ 고추장

김동수: 네, 4번 고추장입니다.

사회자: 고추장, 아닙니다.

강민석: 네, 3번 김장입니다.

사회자: 김장, 맞히셨습니다. 정답입니다.

　　　　강민석 씨에게 100점을 드립니다.

　　　　그러면 또 문제를 드리겠습니다.

[문제] 외국 여행을 하려고 하는 사람의 신분과 국적을 증명하고 상대국
　　　에게 그 사람의 보호를 부탁하는 문서를 무엇이라고 합니까?

　　　① 거주권　　　② 통행권　　　③ 영주권　　　④ 여권

이지연: 네, 답은 영주권입니다.

사회자: 영주권, 아닙니다. 틀렸습니다.

　　　　다른 분들에게 기회를 드립니다.

강민석: 네, 답은 여권입니다.

사회자: 여권, 정답입니다.

　　　　100점을 드립니다.

　　　　강민석 씨는 두 문제를 맞혀서 200점으로 선두를 달리고 있습니다.

　　　　자, 세 분 모두 분발하시기 바랍니다.

발음 Pronunciation

맞히기 [마치기]	돌아왔습니다 [도라왈씀니다 / 도라와씀니다]
생활 속에서 [생왈쏘게서]	출연자 [추련자]
듣고 [듣꼬 / 드꼬]	겨울 동안 [겨울똥안]
먹기 [먹끼 / 머끼]	합니까 [함니까]
100점 [백쩜]	사람의 [사라메]
국적 [국쩍]	거주권 [거주꿘]
통행권 [통앵꿘]	영주권 [영주꿘]
여권 [여꿘]	틀렸습니다 [틀렫씀니다 / 틀려씀니다]

어휘 Word

퀴즈 맞히기	사회자	시청자	여러분
알쏭달쏭	돌아오다	생활 속	궁금하다
점	풀다	출연자	예선전
치르다	문제	맞히다	100점
듣다	춥다	겨울	담그다
김치	간장	된장	김장
고추장	정답	외국 여행	신분
국적	증명	상대국	보호
부탁하다	문서	거주권	통행권
영주권	여권	틀리다	기회
선두	달리다	다른	분발하다

사동법(使動法) ·

1. 사동법의 개념

사동법은 다른 사람에게 어떤 일을 하게 하는 것을 말하는데, 이렇게 하여 만들어진 문장을 사동문이라고 한다. 그러나 이러한 개념을 달리 말하면, 사동이란 두 개의 상황을 하나의 상황으로 표현하는 것을 말한다.

> ① 친구가 웃었다. (結果)
> ② 나는 친구에게 시킨다. (原因)
> ③ 나는 친구를 웃게 하였다. (原因, 結果)

위에서 ③은 ①과 ②에서 '원인'과 '결과'라는 두 개의 상황을 하나의 복합 상황으로 표현한 것이다. ①과 ③을 비교해 보면, ①의 '친구'가 주격에서, ③에서는 목적격으로 격이 이동하였으며, ①에 대해서 ③은 '나'라는 주격이 새로 만들어졌다.

2. 사동법의 실현방법

사동법 실현의 방법으로 세 가지가 있는데, 어휘적 방법과 파생적 방법, 그리고 통사적 방법 등이 있다.

① 어휘적 방법

이것은 동사의 어근 자체가 사동 표현을 수행하는 경우이다. 여기에는 '시키다, 보내다' 등의 어휘가 있다.

> ① 형은 아이들에게 공부를 시킨다. (←아이들이 공부를 한다.)
>   형은 아이들에게 일을 시킨다. (←아이들이 일을 한다.)
> ② 나는 동생을 보냈다. (←동생이 갔다.)
>   나는 직원을 보냈다. (←직원이 갔다.)

② 파생적 방법

이것은 사동접미사로 실현되는데, 동사나 형용사에 사동접미사 '-이-, -히-, -리-, -기-, -우-, -구-, -추-' 등을 결합하여 실현된다.

① 형용사

<높다 → 높이다>

합격선이 높다. ·····▶ 합격선을 높이었다 / 높였다.

<좁다 → 좁히다>

길이 좁다. ·····▶ 길을 좁히었다 / 좁혔다.

<밝다 → 밝히다>

불이 밝다. ·····▶ 불을 밝히었다 / 밝혔다.

<늦다 → 늦추다>

방학이 늦다. ·····▶ 귀가를 늦추었다 / 늦췄다.

② 동사

<날다 → 날리다>

새가 날다. ·····▶ 새를 날리었다 / 날렸다.

<웃다 → 웃기다>

아이가 웃다. ·····▶ 아이를 웃기었다 / 웃겼다.

<울다 → 울리다>

아이가 울다. ·····▶ 아이를 울리었다 / 울렸다.

<먹다 → 먹이다>

아이가 빵을 먹다. ·····▶ 아이에게 빵을 먹이었다 / 먹였다.

<읽다 → 읽히다>

아이가 책을 읽다. ·····▶ 아이에게 책을 읽히었다 / 읽혔다.

<잡다 → 잡히다>

아이가 손을 잡다. ·····➤ 아이에게 손을 잡히었다 / 잡혔다.

③ 통사적 방법

이것은 '-게 하-'와 '-게 만들-'과 같은 통사론적 구성으로 사동을 표현하는 방법이다.

합격선이 높다. ·····➤ 합격선을 높게 하였다 / 만들었다.

길이 좁다. ·····➤ 길을 좁게 하였다 / 만들었다.

불이 밝다. ·····➤ 불을 밝게 하였다 / 만들었다.

방학이 늦다. ·····➤ 방학을 늦게 하였다 / 만들었다.

새가 날다. ·····➤ 새를 날게 하였다 / 만들었다.

아이가 웃다. ·····➤ 아이를 웃게 하였다 / 만들었다.

아이가 울다. ·····➤ 아이를 울게 하였다 / 만들었다.

아이가 빵을 먹다. ·····➤ 아이에게 빵을 먹게 하였다 / 만들었다.

아이가 책을 읽다. ·····➤ 아이에게 책을 읽게 하였다 / 만들었다.

아이가 손을 잡다. ·····➤ 아이에게 손을 잡게 하였다 / 만들었다.

● 맞히다

이것도 사동 표현이다. 이것은 자동사 '맞다'의 어간에 사동접미사 '-히-'가 붙은 것이다. 이것은 다음과 같은 과정으로 사동문이 만들어진 것으로 볼 수 있다.

답이 맞다.

·····➤ 출연자가 답을 맞히었다 / 맞혔다.

·····➤ 출연자가 답을 맞게 하였다 / 만들었다.

더 배워 볼까요			
결승전	우승자	상품	출연신청
방청객	응원	생활 상식	퀴즈왕

1 다음 형용사에 알맞은 사동접미사를 골라 넣으세요.

| −이− | −히− | −리− | −기− | −우− | −구− | −추− |

① 높다 ‥‥▶
② 좁다 ‥‥▶
③ 밝다 ‥‥▶
④ 늦다 ‥‥▶

2 다음 동사에 알맞은 사동접미사를 골라 넣으세요.

| −이− | −히− | −리− | −기− | −우− | −구− | −추− |

① 날다 ‥‥▶
② 웃다 ‥‥▶
③ 울다 ‥‥▶
④ 먹다 ‥‥▶
⑤ 읽다 ‥‥▶
⑥ 잡다 ‥‥▶

3 아래 보기처럼 능동문을 파생적 방법, 통사적 방법으로 사동문으로 바꿔 보세요.

문이 높다.
‥‥▶ 문을 높이었다 / 높였다.
‥‥▶ 문을 높게 하였다 / 만들었다.

① 길이 좁다.
‥‥▶
‥‥▶

② 불이 밝다.

····▶

····▶

③ 방학이 늦다.

····▶

····▶

4 아래 보기처럼 능동문을 파생적 방법, 통사적 방법으로 사동문으로 바꿔 보세요.

> 아이가 과자를 먹다.
> ····▶ 아이에게 과자를 먹이었다 / 먹였다.
> ····▶ 아이에게 과자를 먹게 하였다 / 만들었다.

① 학생들이 신문을 읽다.

····▶

····▶

② 아이가 손을 잡다.

····▶

····▶

5 아래 보기처럼 능동문을 어휘적 방법으로 사동문으로 바꿔 보세요.

> 학생들이 공부를 하다. (형이, 시킨다)
> ····▶ 형이 학생들에게 공부를 시킨다.

① 사원들이 일을 하다. (사장이, 시킨다)

····▶

② 동생이 가다. (나는, 보냈다)

····▶

③ 직원이 가다. (나는, 보냈다)

····▶

27 | 추석(秋夕)

왕위에: 한솔 씨, 내일 모레가 추석이지요?

이한솔: 네, 추석이 다가왔어요.

　　　　벌써부터 마음이 설레네요.

왕위에: 그럼 추석은 어떤 명절이에요?

이한솔: 추석은 음력 8월 15일로 한가위 날이라고도 해요.

　　　　추석은 햇곡식과 햇과일로 조상님께 감사를 드리는 날이에요.

왕위에: 추석에는 어떤 음식을 먹죠?

이한솔: 여러 가지 맛있는 음식을 하는데 그중에서 대표적인 음식은 송편이지요.

　　　　송편은 쌀가루를 반죽하여 그 속에 콩, 깨, 밤과 같은 것을 넣고

　　　　솥에 찐 떡이에요.

　　　　이 떡은 달 모양을 본떠 만든 거예요.

왕위에: 모양도 예쁘고 맛있겠네요. 군침이 도네요.

그런데 달력을 보니까 추석 때 3일이나 쉬네요.

이한솔: 추석은 1년 중 가장 중요한 명절이라서 3일을 연휴로 정한 거예요.

왕위에: 아주 큰 명절이네요.

그럼 그날 어떤 놀이를 해요?

이한솔: 남자들은 씨름과 윷놀이를 하고 여자들은 밤에 강강술래 놀이를 해요.

왕위에: 강강술래가 무슨 놀이예요?

이한솔: 네, 여자들이 손에 손을 잡고 달 모양으로 늘어서서

'강강술래'라는 노래를 부르면서 빙글빙글 돌면서 뛰노는 놀이예요.

그날 밤에 달이 아주 크고 밝게 보이죠.

그래서 가족들과 함께 휘영청 밝은 달을 바라보면서 소원을 빌어요.

왕위에: 그러고 보니 추석은 정말로 풍요로운 명절이군요.

그럼 추석 잘 보내세요.

이한솔: 네, 고맙습니다.

왕위에 씨도 잘 보내세요.

 Pronunciation

음력 [음녁]	8월 15일 [파뤌시보일]
햇곡식 [핻꼭식 / 해꼭식]	햇과일 [핻꽈일 / 해꽈일]
먹죠 [먹쬬 / 먹쪼]	쌀가루 [쌀까루]
반죽하여 [반주카여]	맛있겠네요 [마싣껜네요 / 마시껜네요]
연휴로 [여뉴로]	윷놀이 [윤놀이 → 윤노리]
그날 밤에 [그날빠메]	밝게 [발께]
명절이군요 [명저리구뇨]	

추석	내일	모레	다가오다
설레다	어떤	명절	음력
한가위	햇곡식	햇과일	조상
감사	드리다	음식	대표적
송편	쌀가루	반죽하다	콩
깨	밤	넣다	솥
찌다	떡	달	모양
본뜨다	만들다	군침	돌다
달력	때	쉬다	중요하다
연휴	정하다	놀이	남자
씨름	윷놀이	여자	강강술래
늘어서다	노래	부르다	빙글빙글
돌다	뛰놀다	보이다	가족
함께	휘영청	바라보다	소원
빌다	풍요롭다	보내다	

피동법(被動法) ···

1. 피동법의 개념

피동은 어떤 행위나 동작이 남의 행동으로 되는 행위를 말하는데, 이러한 피동 표현을 피동법이라 한다. 한국어의 피동법은 능동 표현의 주어를 다른 문장성분으로 격을 이동시키고, 새로운 주어를 선택하는 과정이다.

사냥꾼이 토끼를 잡았다. (능동문)
(주어)　　(목적어)　(타동사)

토끼가 사냥꾼에게 잡히었다. (피동문)
(주어)　　(부사어)　　(피동동사)

2. 피동법의 실현방법

피동법의 실현방법은 사동법과 거의 같다. 어휘적 방법과 파생적 방법, 그리고 통사적 방법이 있다.

① 어휘적 방법

이것은 주로 <동작성 명사-이 / 가 되다>, <동작성 명사-을 / 를 받다>에 의해 피동법이 실현된다.

나는 그 일을 이해한다.
····▶ 그 일은 이해가 된다.
학생들은 선생님을 존경한다.
····▶ 선생님은 학생들에게 존경을 받는다.

② 파생적 방법

이것은 피동접미사로 실현된다. 동사에 피동접미사 '-이-, -히-, -리-, -기-' 등을 결합하여 실현한다.

나는 산을 본다.
····▶ 산이 나에게 보인다.

경찰이 도둑을 잡았다.

  ····▶ 도둑이 경찰에게 잡히었다 / 잡혔다.

개가 사람을 물었다.

  ····▶ 사람이 개에게 물리었다 / 물렸다.

그 사람을 대통령으로 뽑았다.

  ····▶ 그 사람이 대통령으로 뽑히었다 / 뽑혔다.

연구진이 그 문제를 풀었다.

  ····▶ 그 문제가 연구진에게 풀리었다 / 풀렸다.

③ 통사적 방법

이것은 통사론적 구성에 따라 피동법이 실현되는 것인데, 여기에는 '-어지-, -게 되-'와 같은 통사 구성이 있다.

경찰이 그 사건의 전모를 밝혔다.

  ····▶ 그 사건의 전모가 경찰에 의해 밝혀졌다.

아이가 밥을 먹는다.

  ····▶ 아이가 (어머니에 의해) 밥을 먹게 되었다.

🗨 내일, 모레

시간부사 '내일'은 오늘의 다음 날이고, '모레'는 내일의 다음 날이다. 그리고 '글피'는 모레의 다음 날이다. '그글피'는 글피의 다음 날이다. 한편, '어제'는 오늘의 전날이고, '그저께'는 어제의 전날이고, '그끄저께'는 그저께의 전날이다.

過去			現在	未來			
-3	-2	-1	0	+1	+2	+3	+4
그끄저께	그저께	어제	오늘	내일	모레	글피	그글피

그리고 날짜(日數)를 나타내는 수사에는 고유어계와 한자어계가 있는데 이것을 표로 보이면 다음과 같다.

一日 (일일)	二日 (이일)	三日 (삼일)	四日 (사일)	五日 (오일)	六日 (육일)	七日 (칠일)	八日 (팔일)	九日 (구일)	十日 (십일)
하루	이틀	사흘	나흘	닷새	엿새	이레	여드레	아흐레	열흘

💬 햇곡식, 햇과일

　어근에 접사(접두사, 접미사)가 결합하여 새로운 단어를 만드는 것을 파생법이라고 하고, 이렇게 하여 만들어진 단어를 파생어라고 한다. '햇곡식, 햇과일'에서 접두사인 '햇-'은 '그 해에 새로 나온'이라는 뜻을 가지고 있다. 따라서, '햇곡식, 햇과일'은 '그 해에 새로 나온 곡식과 과일'이라는 뜻을 갖는다.

　　햇사과, 햇밤, 햇감자, 햇고구마, 햇마늘

더 배워 볼까요

보름달	달맞이	달구경	귀성(歸省)
귀경(歸京)	고속도로 정체	차례(茶禮)	가족놀이
성묘(省墓)	추석선물	상품권	

1 아래 보기처럼 능동문을 피동문으로 바꾸어 보세요.

> 사냥꾼이 토끼를 잡았다. (－히－)
>
> ····▶ 토끼가 사냥꾼에게 잡히었다 / 잡혔다.

① 개가 고양이를 물었다. (－리－)

····▶

② 어머니가 아이를 안았다. (－기－)

····▶

③ 어떤 사람이 발을 밟았다. (－히－)

····▶

2 아래 보기처럼 능동문을 피동문으로 바꿔 보세요.

> 산을 본다. (－이－)
>
> ····▶ 산이 보인다.

① 어려운 문제를 풀었다. (－리－)

····▶

② 피아노 소리를 들었다. (－리－)

····▶

③ 발길을 끊었다. (－기－)

····▶

3 아래 보기처럼 능동문을 피동문으로 바꿔 보세요.

> 나는 그 일을 이해한다. (－가 되다)
>
> ····▶ 그 일이 이해가 된다.

① 전산처리 문제로 경매를 중단했다. (−이 되다)

····▶

② 마라톤대회로 차량을 통제했다. (−가 되다)

····▶

③ 학생들은 선생님을 존경한다. (−을 받다)

····▶

④ 학생들은 그 신입생을 주목한다. (−을 받다)

····▶

4 아래 보기처럼 능동문을 피동문으로 바꿔 보세요.

경찰이 그 사건의 전모를 밝혔다. (−어지−)
····▶ 그 사건의 전모가 경찰에 의해 밝혀졌다.

① 돈을 불우한 사람한테 썼다. (−어지−)

····▶

② 나무꾼이 나무를 베었다. (−어지−)

····▶

5 다음 빈칸에 알맞은 날짜 서수사(序數詞)를 써 넣으세요.

一日	二日	三日	四日	五日

六日	七日	八日	九日	十日

6 다음 빈칸에 시간부사를 써 넣으세요.

過去			現在	未來			
−3	−2	−1	0	+1	+2	+3	+4

28 | 마음을 먹었어요

주웬웬: 교수님, 안녕하세요?

교수님: 그래, 잘들 지내고 있어? 고향의 부모님들께 전화 좀 해?

한 리: 네, 전화도 하고 채팅도 해요.

왕위에: 저는 일주일에 한 번 정도 해요.

교수님: 전화를 하면 뭐라고 말씀을 하셔?

주웬웬: 힘드냐, 건강하냐, 공부 잘 하냐고 말씀하세요.

교수님: 그래, 부모들은 언제나 자식들 걱정을 하지.

더구나 외국에 가서 공부하는 자식들한테는 말할 나위가 없지.

음식은 입맛에 맞아?

왕위에: 네. 그런데 한리는 요즘 군것질이 많이 늘었어요.

과자에 빵에 통닭에 떡볶이까지 가리지 않고 먹어요.

주웬웬: 저는 떡볶이가 좋아요. 매콤달콤한 맛이 아주 좋아요.

한 리: 그런데 저는 한국에 와서 아주 놀란 적이 있었어요.

교수님: 그래, 무엇 때문에 놀랐는데?

한 리: '먹다'라고 하면 보통 밥을 먹는다, 떡을 먹는다고 하잖아요.

　　　　그런데 사람들은 '마음을 먹다'라고 말하는 거예요.

　　　　어떻게 '마음'까지 먹을까 하고 생각을 했어요.

　　　　지금도 이해가 안 돼요.

교수님: 하하, 그거 아주 재미있는 이야기네.

　　　　'마음을 먹다'라는 말은 관용어라고 할 수 있어.

　　　　관용어는 관습적으로 쓰이는 말이야.

　　　　이것은 둘 이상의 단어가 모여서 만들어졌지만,

　　　　그 의미는 특별하게 변한 것이거든.

　　　　그래서 처음에는 이해하기가 힘들 거야.

　　　　'마음을 먹다'라는 말은 '결심하다'라는 뜻과 비슷해.

　　　　아무튼 관용어는 굳어진 말이기 때문에

　　　　하나하나 배워서 익히는 방법밖에는 없어.

한 리: 아, 이제 알았어요.

　　　　앞으로 관용어를 배워야겠다고 마음을 먹었어요.

 Pronunciation

먹었어요 [머거써요]　　　　　　　고향의 [고양에]

자식들 [자식뜰]　　　　　　　　　걱정 [걱쩡]

군것질 [군걷질 → 군걷찔 / 군거찔]　통닭에 [통다게]

떡볶이 [떡뽀끼]　　　　　　　　　먹다 [먹따]

어떻게 [어떠케]　　　　　　　　　관습적으로 [관습쩌그로]

만들어졌지만 [만들어젇지만 → 만드러젇찌만 / 만드러져찌만]

특별하게 [특뼈라게]　　　　　　　결심하다 [결씨마다]

뜻과 [뜯과 → 뜯꽈 / 뜨꽈]　　　　익히는 [이키는]

마음	먹다	고향	부모
전화	채팅	일주일	정도
말씀	힘들다	건강하다	언제나
자식	걱정	더구나	외국
나위	음식	입맛	맞다
군것질	늘다	과자	빵
통닭	떡볶이	가리다	매콤달콤
맛	놀라다	적	보통
밥	마음을 먹다	재미있다	이야기
관용어	관습적	쓰이다	이상
모이다	의미	특별하다	변하다
처음	이해하다	힘들다	결심하다
비슷하다	아무튼	굳다	하나하나
배우다	익히다	방법	

강조법(强調法) ∙∙∙

강조법은 전달되는 언어내용에 대하여 화자가 강조의 태도를 나타내는 문법범주이다. 여기에는 어휘적 방법(語彙的 方法), 파생적 방법(派生的 方法), 통사적 방법(統辭的 方法) 등이 있다.

1. 어휘적 방법

이것은 어휘를 반복하여 강조법이 실현되는 것이다.

① 하나하나 배워서, 익히는 방법밖에는 없어. (하나하나)

명절에는 집집마다 떡을 해요. (집집)

곳곳에 안개가 끼어서, 사고가 많이 났다. (곳곳)

② 매콤달콤한 맛이 아주 좋아요 (매콤달콤)

단풍이 울긋불긋하게 온 산을 물들였다. (울긋불긋)

문제가 알쏭달쏭하네요. (알쏭달쏭)

③ 손발이 아주 차디차다. (차디차다)

우리들의 책임이 크나크다. (크나크다)

고향이 너무 머나멀다. (머나멀다)

2. 파생적 방법

이것은 파생접미사, 파생접두사로 강조법이 실현되는 것이다.

① 친구를 만나는 바람에 차를 놓치었다. (-치-, 놓다)

설거지를 하다가, 접시를 깨뜨렸다. (-뜨리-, 깨다)

② 소가 곡식을 짓밟았다. (짓-, 밟다)

기름값이 올라서, 물가가 치솟았다. (치-, 솟다)

3. 통사적 방법

이것은 연결어미를 반복하여 강조법이 실현되는 것이다.

> 이 책은 읽으면 읽을수록, 재미있어요 (-으면~-을수록)
> 집에 오자마자, 비가 쏟아졌어. (-자~-자)
> 고기를 잡아도 잡아도, 줄지 않는다. (-어도~-어도)
> 자나 깨나, 불조심을 합시다. (-으나~-으나)

관용어(慣用語)

관용어는 둘 이상의 단어가 모여서 만들어진 언어형식인데, 관습적으로 쓰이는 것이어서 그 의미는 특별하다. 즉, 이것은 일단 굳어진 언어형식이기 때문에 변형시킬 수 없으며, 또한 단어 본래의 뜻을 잃고 다른 뜻으로 쓰인다. 예를 들어, '비행기를 태우다'라는 말은 '비행기에 오르게 하다'라는 뜻이 아니라, '칭찬하다'라는 의미를 갖고 있다. 아울러, 이 말은 굳어진 표현이기 때문에 '*비행기를 너무 태우다, *비행기를 자주 태우다'처럼 다른 단어를 끼워 넣을 수가 없다. 모든 언어가 각각 그 체계가 다르듯이, 이러한 관용적 용법도 다르기 때문에, 외국어를 배울 때 그 용법과 의미를 하나하나 익히는 수밖에 없다. 다음은 한국어에서 잘 쓰이는 관용어인데, 잘 익혀 두면 언어생활에 많이 도움이 될 것이다.

가슴에 새기다	[기억하다]
가슴에 와 닿다	[감동을 일으키다]
가슴을 열다	[속마음을 털어 놓다]
가슴을 태우다	[초조해 하다]
가슴이 무너지다	[마음이 아프다]
고개를 내밀다	[나타나다]
고개를 숙이다	[겸손하다]
국수를 먹다	[결혼식을 올리다]
귀가 넓다	[남의 말을 그대로 잘 듣다]

깨가 쏟아지다	[오붓하여 몹시 재미가 나다]
머리를 흔들다	[강한 거부감을 보이다]
미역국을 먹다	[시험에 떨어지다]
미운 오리새끼	[골칫덩어리]
바가지를 긁다	[잔소리를 하다]
바가지를 쓰다	[물건값에 돈을 많이 지불하여 손해를 보다]
바람을 맞다	[약속 어김을 당하다]
바람을 쐬다	[기분 전환하다]
발길을 끊다	[왕래를 그만두다]
발을 벗고 나서다	[적극적인 태도를 취하다]
발이 넓다	[교제 관계가 넓다]
배꼽을 빼다	[우습다]
속을 썩이다	[남에게 걱정을 끼치다]
손에 땀을 쥐다	[긴장하다]
십자가를 메다	[어려운 일을 맡다]
싹이 노랗다	[장래성이 없다]
어깨를 펴다	[떳떳한 입장이 되다]
얼굴을 붉히다	[화를 내다]
입을 놀리다	[말을 함부로 하다]
자리에 눕다	[병이 나다]
점을 찍다	[마음속으로 선택하여 두다]
좀이 쑤시다	[가만히 있지 못하다]
죽을 쑤다	[일을 망치다]
쥐구멍을 찾다	[부끄러워 그 자리에 있기가 민망하다]
침을 뱉다	[경멸하다]
침을 흘리다	[좋은 것을 탐내다]
코가 높다	[잘난 체하고 거만하다]
파김치가 되다	[지치다]
파리를 날리다	[영업, 장사가 안 되다]

피땀을 흘리다   [열심히 일하고 노력하며 고생하다]
하늘의 별 따기   [매우 어려운 것]
한 귀로 흘리다   [잘 듣지 않다]
한솥밥을 먹다   [한 집안 식구처럼 지내다]
한 턱을 내다   [한바탕 음식을 대접하다]
허리가 휘다   [힘에 겹다]
홍당무가 되다   [부끄러워지다]

더 배워 볼까요

맵다	짜다	시다	쓰다
달다	싱겁다	비리다	누리다
건더기	뜨겁다	식다	붇다(면발이 붇다)
딱딱하다	말랑말랑하다	질기다	뻑뻑하다
부드럽다	감칠맛	담백하다	걸쭉하다
되다	질다	쫄깃쫄깃하다	새콤달콤

1 아래 보기처럼 어휘를 반복하여 언어내용을 강조해 보세요.

> 공장에서는 제품을 (　　　　　) 검사를 한다. (하나)
> ⋯⋯▶ 공장에서는 제품을 하나하나 검사를 한다.

① 명절에는 (　　　　)마다 떡을 해요. (집)

⋯⋯▶

② 전국 (　　　　)에서 사과가 재배된다. (곳)

⋯⋯▶

2 아래 보기처럼 어휘를 반복하여 언어내용을 강조해 보세요.

> 바닷물이 아주 짜네요. (짜다)
> ⋯⋯▶ 바닷물이 아주 짜디짜네요.

① 운동장이 꽤 넓네. (넓다)

⋯⋯▶

② 한약이 너무 쓰네요. (쓰다)

⋯⋯▶

③ 꿀이 참 달아. (달다)

⋯⋯▶

3 다음 (　　　) 안에 알맞은 파생접사를 골라 언어내용을 강조해 보세요.

> ―치　　　　　　―치―　　　　　　―뜨리―　　　　　　짓―

① 설거지를 하다가, 접시를 깨(　　　　)었다.

② 소가 곡식을 (　　　　)밟았다.

③ 기름값이 올라서, 물가가 (   )솟았다.

④ 친구를 만나는 바람에 차를 놓(   )었다.

4 다음 (   ) 안에 알맞은 연결어미를 골라   언어내용을 강조해 보세요.

> −으나~−으나   −어도~−어도   −자~−자   −으면~−을수록

① 자(   ) 깨(   ), 불조심을 합시다.

② 집에 오(   )마(   ), 비가 쏟아졌어.

③ 이 책은 읽(   ) 읽(   ), 재미있어요.

④ 고기를 잡(   ) 잡(   ), 줄지 않는다.

5 다음 관용어에 알맞은 말을 골라 바꿔 보세요.

잘 듣지 않다	잘난 체하고 거만하다
칭찬하다	결혼식을 올리다
나타나다	시험에 떨어지다

① 부끄러워요. 너무 비행기 태우지 마세요.

····▶

② 언제 국수를 먹어요?

····▶

③ 그 말을 한 귀로 흘렸다.

····▶

④ 어디에 있다가 이제야 고개를 내미니?

····▶

⑤ 미안해. 미역국을 먹었어.

····▶

⑥ 그 사람은 코가 높아요.

····▶

29 | 봉사활동

어머니: 한솔아, 오늘 봉사활동은 어땠니?

　　　　잘 하고 왔니?

이한솔: 네, 잘 하고 왔어요.

　　　　오늘은 할머니들이 계시는 양로원에 다녀왔어요.

어머니: 우리 아들이 좋은 일을 많이 하는구나!

　　　　남을 돕는다는 것은 정말로 좋은 일이란다.

　　　　그래, 거기서 무슨 일을 했니?

이한솔: 방청소도 하고 바깥청소도 했어요.

그리고 이불도 널고 화분에 물도 주었어요.

다른 봉사단체도 와서 일을 했어요.

그 사람들이 보일러를 새것으로 봐 드렸어요.

어머니: 덕분에 할머니들이 따뜻하게 지내실 거야.

참 고마우신 분들이네.

이한솔: 일을 끝내고서는 할머니들과 이야기를 나누었어요.

이야기를 나눌 때 표정들이 참 밝아 보였어요.

그곳에 계신 할머니들이 우리 할머니와 같다는 생각이 들었어요.

어머니: 봉사는 그렇게 작은 일에서부터 시작된단다.

비록 작은 일이지만 할머니들에게는 아주 큰 힘이 되었을 거야.

이한솔: 그래서인지 오늘 뿌듯한 마음이 들었어요.

일한 것에 비해서 많은 것을 갖고 온 것 같아요.

어머니: 오늘 보니 네가 더 의젓해 보이는구나!

그래, 수고 했다. 좀 쉬어라.

 Pronunciation

활동 [활똥]

왔니 [왇니→완니]

돕는다는 [돔는다는]

따뜻하게 [따뜯하게→따뜨타게]

같다는 [갇다는→갇따는 / 가따는]

의젓해 [으젇해→으저태]

어땠니 [어땓니→어땐니]

양로원 [양노원]

덕분에 [덕뿌네]

끝내고 [끋내고→끈내고]

뿌듯한 [뿌듣한→뿌드탄]

봉사활동	양로원	할머니	계시다
다녀오다	남(他人)	돕다	정말
방청소	바깥청소	이불	널다
화분	다른	봉사단체	보일러
새것	드리다	덕분에	따뜻하다
지내다	끝내다	이야기	나누다
표정	밝다	생각	들다
작다	시작	힘	뿌듯하다
비하다	의젓하다		

국어에서 두 소리가 하나의 소리로, 두 소리가 하나의 음절로 줄어드는 경우가 있는데, 이것을 축약이라고 한다. 여기에는 단어 안에서, 체언과 조사의 결합에서, 어간과 어미의 결합에서, 그리고 통사론적 구성에서 이루어지는 경우가 있다.

1. 단어 안에서

이것은 단어 안에서 축약이 이루어지는 것인데, 단일어와 복합어에서 모두 축약이 이루어진다.

① 단일어

네 맘(←마음)이 좋다.

자, 담(←다음)에 봅시다.

낼(←내일) 비 온대.

저녁 놀(←노을)이 참 아름다워요.

뭐(←무엇)가 문제인데?

나는 밥이 젤(←제일) 좋아.

손님들이 선물을 갖(←가지)고 왔어요.

우리 절(←저리)로 가서 기다리자.

얘들아, 일(←이리)로 와.

내가 글(←그리)로 갈게.

② 복합어

아이들에게 사탕을 골고루(←고루고루) 나눠 주었다.

이번 전시회에는 갖가지(←가지가지) 작품들이 전시되었다.

엊저녁(←어제저녁)에 영화를 보았어.

엊그저께(←어제그저께) 여행을 다녀왔어.

2. 체언과 조사의 결합에서

체언에 조사가 결합할 때 축약이 이루어진다.

난(←나는) 가을이 좋아.

그 사람이 날(←나를) 보았다고?

뭘 / 무얼(←무엇을) 그렇게 생각하고 있니?

그걸로(←그것으로) 주세요.

이 물질은 불에 타도 연간(←연기는) 나지 않는다.

이건 / 그건 / 저건(←이것은 / 그것은 / 저것은) 호랑이다.

이게 / 그게 / 저게(←이것이 / 그것이 / 저것이) 바로 유조선이야.

3. 어간과 어미의 결합에서

어간에 어미가 결합할 때 축약이 이루어진다.

① 아침에 학교에 가(←가아) / 갔다(←가았다).

   차가 저기에 서(←서어) / 섰다(←서었다).

   아이들이 신나게 춤을 춰(←추어) / 췄다(←추었다).

   일이 잘 돼(←되어) / 됐다(←되었다).

   공부를 열심히 해(←하여←하아) / 했다(←하였다).

   선생님께서 잘 가르쳐 주신다(←주시ㄴ다) / 주셨다(←주시었다).

   그 사람들이 보일러를 새것으로 놔(←놓아) 드렸어요.

   가방을 내려 놔(←놓아) / 놨다(←놓았다).

   눈이 많이 쌓여(←쌓이어) 있어.

   오늘 봉사활동은 어땠니(←어떠했니)?

   매일 아침마다 공원에 갑니다(←가ㅂ니다).

② 병원에 갔지만(←가았지만), 문이 닫혔다.

   밖이 시끄러워서(←시끄러우어서), 잠을 못 잤어요.

   비가 와야(←오아야), 채소가 잘 자란다.

③ 그것은 내가 봤던(←보았더은) 책이었다.

옛날에 갔던(←가았더은) 곳을 다시 갔다.

허리를 쫙 편(←펴은) 채로 앉아.

4. 통사론적 구성에서

통사론적 구성에서도 축약이 이루어진다.

① 걘(←걔는←그 애는) 발이 아주 빨라.

누가 얠(←애를←이 애를) 가르치나요?

쟨(←쟤는←저 애는) 책을 많이 읽어요.

② 회사에서는 적잖은(←적지 않은) 돈을 기부했다.

상대방이 그렇게 만만찮다(←만만하지 않다).

많잖은(←많지 않은) 돈이지만, 저축을 한다.

③ 그럼 오늘 친구를 만나야겠네(←만나야 하겠네).

아무래도 너만이라도 가야겠다(←가야 하겠다).

④ 지금 막 출발했답니다(←출발했다고 합니다).

비 피해가 없었다네(←없었다고 하네).

옷이 마음에 든답니다(←든다고 합니다).

⑤ 내가 간다니까(←간다고 하니까), 오지 말라고 하더라.

비가 온다면(←온다고 하면), 행사를 취소할 거야.

여기 경치가 하도 좋대서(←좋다고 해서), 한번 왔어요.

💬 덕분에

'덕분'이란 남에게 베푼 도움을 말하는데, 여기에 조사 '-에'가 결합하여 쓰인다.

덕분에 잘 쉬었어요

덕분에 잘 먹었어요

덕분에 잘 있으니, 걱정하지 마세요

염려 덕분에 건강이 좋아졌어요

● 일한 것에 비해서

여기에서 '비하다'는 '견주다'와 같은 뜻으로, 그 결과에 대한 서술 내용은 긍정, 또는 부정으로 이어진다. '일한 것에 비해서 많은 것을 갖고 온 것 같아요'의 문장은 일은 많이 하지 않았지만, 많은 것을 얻었다는 뜻을 지닌다.

그동안 열심히 공부한 것에 비해서 성적이 오르지 않았어.

그는 먹는 것에 비해서 살이 많이 쪘다.

회사가 창업 기간이 짧은 것에 비해서 비약적인 발전을 했습니다.

학생들은 키가 큰 것에 비해서 체력이 약합니다.

이 옷은 품질이 좋은 것에 비해서 옷값은 비싸지 않아.

▌더 배워 볼까요▐

자원봉사	사회봉사	소년가장	결손가정
도시락배달	후원자	기부	자선단체
결연	자선음악회	경로잔치	무의탁노인

1 다음 밑줄 친 부분을 축약해 보세요.

① 저 아이는 <u>마음</u>(   )이 아주 좋아.

② 행사가 <u>끝났다고 합니다</u>(   ).

③ 이 물건을 <u>저리로</u>(   ) 옮기자.

④ <u>그 애는</u>(   ) 책을 많이 읽어요.

⑤ <u>어제저녁</u>(   )에 연극을 보았어.

⑥ <u>이것이</u>(   ) 저것보다 비싸요

⑦ <u>많지 않은</u>(   ) 돈이지만, 저축을 한다.

2 다음 밑줄 친 부분을 축약해 보세요.

① 옷이 <u>크다고 하니까</u>(   ), 바꾸어 주더라.

② 눈이 <u>오아야</u>(   ), 눈사람을 만들지.

③ 책을 사 <u>가지고</u>(   ), 왔어.

④ 감기약을 <u>먹어야 하겠어</u>(   ).

⑤ 여기가 <u>좋다고 해서</u>(   ), 놀러 왔어요.

⑥ 학생들은 노래 연습을 열심히 <u>하였다</u>(   ).

⑦ 요즘 사업이 잘 <u>되어</u>(   )?

3 다음 밑줄 친 부분을 축약해 보세요.

① 어젯밤에 <u>적지 않은</u>(   ) 비가 왔다.

② <u>저 애는</u>(   ) 달리기를 잘 해요.

③ 아이들이 신나게 춤을 <u>추었다</u>(   ).

④ <u>저것은</u>(   ) 은행나무야.

⑤ 상대방이 그렇게 만만하지 <u>않다</u>(   ).

⑥ 여기에서 <u>무엇을</u>(   ) 찾고 있어요?

⑦ 지금까지 이런 일이 한번도 <u>없었다고 하네</u>(   ).

4 아래 보기처럼 물음에 답해 보세요.

그동안 잘 지냈어요? (덕분에)

⋯⋯➤ 네, 덕분에 잘 지냈어요.

① 잘 쉬었어요? (덕분에)

⋯⋯➤

② 건강하세요? (염려 덕분에)

⋯⋯➤

③ 공부를 잘 해요? (덕분에)

⋯⋯➤

5 아래 보기처럼 말해 보세요.

너=천사 (−는, −와 같다)

⋯⋯➤ 너는 천사와 같다.

① 일년=하루 (−이, −와 같다)

⋯⋯➤

② 얼굴=보름달 (−이, −과 같다)

⋯⋯➤

③ 강=바다 (−이, −와 같다)

⋯⋯➤

30 | 시장에서 물건사기

상 인: 어서 오세요. 무엇을 찾으세요?

손 님: 생선 좀 사려고 해요.

상 인: 네, 구경하세요.

생선이 아주 좋아요.

꽁치도 있고 오징어도 있고 고등어도 있어요.

오늘 꽃게가 들어왔어요.

요즘 게가 살이 올라서 맛이 좋아요.

꽃게탕을 해서 드시면 좋을 거예요.

손 님: 꽃게를 쪄서 먹으면 어때요?

상 인: 네, 솥에 쪄서 드셔도 맛있어요.

시원한 국물을 드시고 싶으면 아무래도 탕이 좋을 거예요.

손　님: 꽃게 1kg에 얼마예요?

상　인: 네, 2만 원이에요.

손　님: 2만 원이요? 너무 비싸네요.

상　인: 냉동게가 아니라 살아 있는 게라서 그래요.

　　　　바다에서 지금 막 잡아 올린 것처럼 신선하잖아요.

손　님: 게는 좋은데 비싸네요.

　　　　좀 깎아 주세요.

상　인: 깎아 드리면 남는 게 없어요.

　　　　받을 값만 받는 거예요.

　　　　좋아요. 오늘 첫손님이니까 2000원을 깎아 드리죠.

손　님: 고맙습니다.

　　　　다음에 또 올게요.

　　　　이 가게 단골이 될게요.

상　인: 네, 고맙습니다.

꽃게 [꼳게 → 꼳께 / 꼬께]

국물 [궁물]

값만 [갑만 → 감만]

받는 [반는]

올게요 [올께요]

솥에 [소테]

2만 원 [이마뭔]

받을 값만 [바들깝만]

첫손님 [첟손님 → 첟쏜님 / 처쏜님]

될게요 [될께요]

어휘 vocabulary

시장	물건사기	생선	구경하다
꽁치	오징어	고등어	꽃게
살	오르다	맛	꽃게탕
찌다	솥	시원하다	국물
드시다	아무래도	2만 원	비싸다
냉동게	바다	막	잡다
올리다	신선한다	깎다	남다
받다	값	첫손님	단골

내포문(內包文) ••

한 문장이 절이 되어 다른 문장의 한 문장성분으로 쓰여 복문이 되는 현상을 내포라 하는데, 이런 방식으로 이루어진 문장을 내포문이라고 한다. 여기에는 명사절(名辭節), 관형절(冠形節), 부사절(副詞節), 서술절(敍述節), 인용절(引用節) 등이 있다.

1. 명사절

이것은 하나의 문장이 다른 문장에서 명사로 쓰이는 것을 말하는데, 명사절을 만드는 어미로는 '-기, -음'이 있다.

-기 ① 손을 다쳐서 <u>밥을 먹기가</u> 힘들다.

   밥을 먹다→밥을 먹+기→밥을 먹기가(주어)

② 나는 <u>영화 보기를</u> 좋아한다.

   영화를 보다→영화 보+기→영화 보기를(목적어)

③ 대화에서는 <u>말하기보다 듣기가</u> 더 중요하다.

   말하다→말하+기→말하기보다(부사어)

   듣다→듣+기→듣기가(주어)

④ 그의 취미는 <u>새 기르기다.</u>

   새를 기르다→새를 기르+기→새 기르기(이)다.(서술어)

-음 ① <u>문제를 빨리 해결함이</u> 좋을 것이다.

   문제를 빨리 해결하다→해결하+음→해결함이(주어)

② <u>문제를 빨리 해결함을</u> 자랑한다.

   문제를 빨리 해결하다→해결하+음→해결함을(목적어)

③ <u>문제를 빨리 해결함에</u> 앞서서 해야 할 일이 있다.

   문제를 빨리 해결하다→해결하+음→해결함에(부사어)

④ 지금 시급한 일은 <u>그 문제를 빨리 해결함이다.</u>

   그 문제를 빨리 해결하다→해결하+음→해결함(이)다.(서술어)

2. 관형절

이것은 하나의 문장이 다른 문장에서 관형구성을 이루는 것을 말하는데, 관형절을 만드는 어미에는 '－은, －는'이 있다. 여기에서는 한 문장성분이 자리를 옮기는 경우와 옮기지 않는 경우가 있다. 아래 ①~③에서 내포문의 한 성분이 자리를 옮겨 한정을 받는 자리로 빠져 나간다. 그러나 ④~⑥에서는 이런 일이 없이 다른 성분을 한정한다.

① <u>아름다운</u> 꽃이 시들었다.

　　꽃이 아름답다→아름답+은→아름다운 꽃이(주어)

② <u>화창한</u> 날씨에 사람들이 많이 모였다.

　　날씨가 화창하다→화창하+은→화창한 날씨에(부사어)

③ <u>깊은</u> 강물은 천천히 흐른다.

　　강물이 깊다→깊+은→깊은 강물은(주어)

④ <u>오늘 만나기로 한</u> 약속을 까맣게 잊었다.

　　오늘 만나기로 했다→오늘 만나기로 하+은 →오늘 만나기로 한 약속

⑤ <u>그가 좋은 일을 한</u> 사실이 뒤늦게 알려졌다.

　　그가 좋은 일을 했다→그가 좋은 일을 하+은→그가 좋은 일을 한 사실

⑥ <u>누군가가 웃는</u> 소리가 들렸다.

　　누군가가 웃었다→누군가가 웃+는→누군가가 웃는 소리

🗨 시원한 국물을 / 살아 있는 게라서 / 바다에서 지금 막 잡아 올린 것처럼

　'시원한 국물을'은 관형절을 안은 내포문인데, 내포문의 한 성분이 자리를 옮겨 한정을 받는 자리로 빠져 나간 것이다. '살아 있는 게라서'도 이와 같은 관형절이다.

　이와는 달리, '바다에서 지금 막 잡아 올린 것처럼'은 한 문장이 다른 문장에 안기면서 한 성분을 한정하고 있다. 여기에서 한정을 받는 '것'은 '사람, 사물, 현상' 등을 지시하는 불완전명사이다.

① 국물이 시원하다→시원하+은→시원한 국물

② 게가 살아 있다→살아 있+는→살아 있는 게

③ 바다에서 지금 막 잡아 올렸다→바다에서 지금 막 잡아 올리+은

　　→바다에서 지금 막 잡아 올린 것

● 게는 좋은데 비싸네요

'–은데'는 선행절과 후행절을 대조(역접) 관계로 이어 주는 연결어미다. 이 문장은 선행절은 '게가 좋다'는 긍정의 내용이고, 후행절은 '비싸다'는 부정의 내용으로 대조의 관계를 이루고 있다.

> 집은 좋은데, 너무 비싸네요.
> 이 도자기는 아름다운데, 깨지기 쉽다.
> 고기는 맛있는데, 좀 질겨요.
> 그 애는 나이는 어린데, 아주 침착해요.
> 학교는 가까운데, 매일 지각을 해.
> 꽃은 예쁜데, 향기가 없어.

더 배워 볼까요

단골손님	떨이	세일(할인판매)	생선회
활어	수산물시장	건어물시장	도매시장
소매시장	생선매운탕	물오징어	마른오징어
멸치	낙지	간고등어	갈치조림
동태	조기		

1 아래 보기처럼 (   ) 안에 알맞은 관형절을 만들어 보세요.

> 나는 친구에게 (   )을 빌려주었다. (어제 책을 사다)
> ┈┈▶ 나는 친구에게 (어제 사+은 책)을 빌려주었다.
> ┈┈▶ 나는 친구에게 어제 산 책을 빌려주었다.

① (   )을 오를 때는 조심해야 해. (산이 험하다)

┈┈▶

┈┈▶

② 동생은 (   )를 길러요. (강아지가 예쁘고 귀엽다)

┈┈▶

┈┈▶

③ 어제 저녁에 (   )를 만났어. (친구가 중국에서 오다)

┈┈▶

┈┈▶

④ 그 회사는 (   )을 뽑아요 (사람이 부지런하고 성실하다)

┈┈▶

┈┈▶

2 아래 보기처럼 (   ) 안에 알맞은 관형절을 만들어 보세요.

> 의사에게 (   ) 사실을 말했습니다.
> (어렸을 때 맹장수술을 했다)
> ┈┈▶ 의사에게 어렸을 때 맹장수술을 하+은 사실을 말했습니다.
> ┈┈▶ 의사에게 어렸을 때 맹장수술을 한 사실을 말했습니다.

① (　　　　　) 것을 모른 채 학교에 갔어요. (오늘이 임시휴교이다)

‥‥▶

‥‥▶

② 하도 피곤해서 (　　　　) 채로 잤어. (옷을 입다)

‥‥▶

‥‥▶

③ (　　　　　) 탓으로 행사가 연기되었다. (사람들이 많이 오지 않다)

‥‥▶

‥‥▶

④ 멀리서 (　　　　) 소리가 들렸다. (천둥이 치다)

‥‥▶

‥‥▶

3 아래 보기처럼 (　　　) 안에 알맞은 명사절을 만들어 보세요.

시력이 떨어져서 (　　　　　)가 힘들어. (책을 읽다)
　‥‥▶ 시력이 떨어져서 책을 읽+기가 힘들어.
　‥‥▶ 시력이 떨어져서 책을 읽기가 힘들어.

① 그분은 (　　　　)를 좋아한다. (남을 도와 주다)

‥‥▶

‥‥▶

② 옛날에는 (　　　　)가 유행이었어. (우표를 모으다)

‥‥▶

‥‥▶

③ 산을 (　　　　)보다 (　　　　)가 훨씬 힘들어. (오르다, 내려오다)

‥‥▶

‥‥▶

④ 책을 빨리 읽는 것보다는 (   )가 중요하다. (정확히 이해하다)

····>

····>

4 아래 보기처럼 대답해 보세요.

게가 어때요? (좋다, -은데, 비싸다)

····> 게가 좋은데, 비싸요.

① 이 차(車) 어때요? (좋다, -은데, 색이 마음에 안 들다)

····>

② 학교가 어때요? (마음에 들다, -은데, 거리가 너무 멀다)

····>

③ 집이 어때요? (마음에 들다, -은데, 주변의 소음이 심하다)

····>

④ 과일이 어때요? (맛이 있다, -는데, 껍질이 두껍다)

····>

5 아래 보기처럼 대답해 보세요.

왜 게가 비싸요? (살아 있다, -어서 그래요)

····> 살아 있는 게라서 그래요.

① 왜 옷이 비싸요? (최신유행이다, -어서 그래요)

····>

② 왜 시험이 어려워요? (주관식 서술형이다, -어서 그래요)

····>

③ 왜 밥이 맛있어요? (유기농으로 재배한 쌀이다, -어서 그래요)

····>

④ 왜 학교가 유명하죠? (역사가 오래되다, -어서 그래요)

····>

31 | 노약자석

왕위에: 오랜만에 전철을 타네요.

이한솔: 아, 그래요? 저는 전철을 자주 이용해요.

　　　　주로 통학하는 데 전철을 이용해요.

왕위에: 전철을 이용할 때 편리할 점은 무엇이죠?

이한솔: 여러 가지가 있죠.

　　　　우선 요금이 싸다는 점이죠.

　　　　기본요금이 1000원인데 버스로 갈아탈 경우에는

　　　　별도의 요금 없이 탈 수 있어요.

　　　　또 전철은 정체가 없어요.

　　　　그래서 제시간에 목적지에 도착할 수 있어요.

　　　　거기에다 전철을 타면 어디든지 다 갈 수 있어요.

　　　　한마디로 말해서 전철은 편리한 대중교통수단이죠.

왕위에: 아, 그렇군요.

그런데 노약자석이 무엇이죠?

이한솔: 네, 그것은 노인들이나 몸이 불편한 사람들이 앉아서 갈 수 있도록 마련해
놓은 자리예요.

어른과 약자를 위한 배려라고 할 수 있죠.

왕위에: 참 아름다운 모습이네요.

젊은 사람들이 어른들을 공경하고 대접하는 모습이 아주 좋네요.

이한솔: 그리고 노약자석이 아니더라도 젊은 사람 앞에 노인이나 몸이 불편한 사람
이 있으면 바로 일어나 자리를 양보하지요.

저도 그렇게 하고 있어요.

왕위에: 그러고 보니 전철은 미풍양속을 실어 나르는 교통수단이네요.

이한솔: 하하, 듣고 보니 그러네요.

 Pronunciation

노약자석 [노약짜석] 편리한 [펼리안]

별도의 [별또에] 목적지 [목쩍찌]

그렇군요 [그러쿠뇨] 갈 수 있도록 [갈쑤읻또록 / 갈쑤이또록]

마련해 [마려내] 약자 [약짜]

있죠 [읻쬬→읻쪼 / 읻쪼 / 이쪼] 젊은 [절믄]

좋네요 [졷네요→존네요] 그렇게 [그러케]

미풍양속 [미풍냥속] 전철이네요 [전처리네요]

듣고 [듣꼬 / 드꼬]

어휘 vocabulary

노약자석	전철	이용하다	통학하다
편리하다	요금	싸다	갈아타다
경우	별도	요금	타다
차량 정체	제시간	목적지	도착하다
거기에다	어디	한마디	대중교통수단
노인	몸	앉다	마련하다
자리	어른	약자	배려
아름답다	모습	젊다	공경
대접하다	불편하다	일어나다	양보하다
미풍양속	싣다	나르다	듣다

내포문–부사절(副詞節) ···

    한 문장이 다른 문장에 안긴 문장을 내포문이라고 하는데, 그중에서 다른 문장의 부사어 노릇을 하는 것을 부사절이라고 한다. 여기에서는 부사형접미사 '–이, –게'가 결합된 것과 불완전명사로 이루어진 것 등이 있다.

    ① 별도의 요금 없이 탈 수 있어요.

        (별도의 요금(이) 없다→요금 없+이→요금 없이)

        그 애는 꽃과 같이 예쁩니다.

        (그 애는 꽃과 같다→꽃과 같+이→꽃과 같이)

        동물은 말 없이도 살 수 있다.

        (동물은 말이 없다→말 없+이→말 없이도)

        계곡의 물이 옥과 같이 맑네요.

        (계곡의 물이 옥과 같다→옥과 같+이→옥과 같이)

    ② 꽃이 아름답게 피었다.

        (꽃이 아름답다→아름답+게→아름답게)

        아이들이 건강하게 잘 자라고 있어요.

        (아이들이 건강하다→건강하+게→건강하게)

        학생들은 잇몸이 드러나게 웃었다.

        (잇몸이 드러나다→드러나+게→드러나게)

        신문사는 글씨가 잘 보이게 편집을 했다.

        (글씨가 잘 보이다→보이+게→보이게)

    ③ 동생은 집에 오는 대로 손을 씻는다.

        (동생이 집에 온다→오+는 대로→오는 대로)

        그는 자는 척 눈을 감았다.

        (그가 자다→자+는 척→자는 척)

        나는 옷을 입은 채로 잤다.

        (내가 옷을 입다→입+은 채로→입은 채로)

        그는 합격 소식을 듣자, 날아갈 듯이 펄쩍 뛰었다.

        (그가 날아가다→날아가+을 듯이→날아갈 듯이)

💬 한마디로 말해서

이것은 말한 내용을 종합해서 정리할 때 하는 표현이다. 주로 복잡한 내용을 요약할 때 사용한다.

> 한마디로 말해서, 자동차산업은 국가 산업의 원동력이죠.
> 한마디로 말해서, 시작(詩作)은 인간의 고등적인 정신활동이다.
> 한마디로 말해서, 이번 일에 사운(社運)이 걸렸어.
> 한마디로 말해서, 세계화 시대에 필요한 사람이 되어야 해.

💬 실어 나르는

여기에서 '실어'는 '싣다(載)'의 어간인 '싣-'에 연결어미 '-어'가 결합한 것인데, 이때 모음 '-어'의 영향으로 '실-'로 바뀐다(ㄷ불규칙활용). 그러나 자음으로 시작되는 어간일 경우에는 변하지 않는다.

> 싣다(載)
> 물건을 차에 실었니?
> 물건을 다 차에 실어야, 출발을 해요.
> 버스는 사람을 실어 나르는 대중교통수단이다.
> 차에 짐을 싣고, 떠났다.
> 차에 짐을 싣다가, 도로 내려놓았다.
> 차에 짐을 싣는데, 비가 왔다.

> 묻다(質問)
> 의심나는 것이 있으면, 물어 봐.
> 길을 물어서 물어서, 겨우 도착했다.
> 상품 사용법을 물으면, 바로 대답을 해 줍니다.
> 남의 나이를 왜 묻니?
> 취미가 뭐냐고 묻더니, 수영을 좀 해 보라고 하더라.
> 면접시험에서는 시사문제도 묻고, 전공과목에 대해서도 묻는다.

듣다(聽)

너 친구 소식 들었니?

새 소리를 들으면, 마음이 편안해.

칭찬을 들어서, 기분이 좋아.

아무 말도 없이 그냥 말만 듣고 있었다.

음악을 듣다가, 밖으로 나갔다.

이번 학기에는 한국어문법을 듣겠어.

걷다(步)

사람은 걸어야, 오래 산다.

차 타고 갈래? 걸어서 갈래?

너무 오래 걸어서, 다리가 아파요.

아침마다 공원을 걷는다.

한참을 걷다가, 나무 그늘에서 쉬었다.

이 더위에 누가 걷겠니?

그러나 '걷다(收), 닫다(閉), 묻다(埋), 믿다(信)'와 같은 용언들은 이러한 불규칙 활용이 적용되지 않는다.

빨래를 걷어라 / 걷겠니?

문 좀 닫아라 / 닫고, 들어와.

쓰레기를 땅 속에 묻었다 / 묻고, 흙으로 덮었다.

내 말을 믿어 / 그 말을 믿겠니?

▌더 배워 볼까요▐

경로석	임산부	어린이	경로사상
무임승차권	할머니 / 할아버지, 여기에 앉으세요		학생, 고마워요

1 아래 보기처럼 말해 보세요.

> 밤하늘에 (   ) 떴다. (보름달이 환하다)
> ⋯⋯▶ 밤하늘에 보름달이 환하+게 떴다.
> ⋯⋯▶ 밤하늘에 보름달이 환하게 떴다.

① 꽃밭에 (   ) 피었다. (장미가 아름답다)

⋯⋯▶

⋯⋯▶

② 나는 (   ) 비료를 주었다. (나무가 잘 자란다)

⋯⋯▶

⋯⋯▶

③ 그는 (   ) 어려운 사람을 도와 주었다. (아무도 모른다)

⋯⋯▶

⋯⋯▶

2 아래 보기처럼 대답해 보세요.

> (   ) 대로 전화를 해라. (집에 도착하다)
> ⋯⋯▶ 집에 도착하+는 대로 전화를 해라.
> ⋯⋯▶ 집에 도착하는 대로 전화를 해라.

① 그냥 (   ) 대로 하면 돼. (내가 시키다)

⋯⋯▶

⋯⋯▶

② (   ) 대로 줍는다. (휴지가 보이다)

⋯⋯▶

⋯⋯▶

③ 그는 (   ) 대로 저축을 한다. (돈이 모이다)

·····▶

·····▶

3 아래 보기처럼 말해 보세요.

그 청년은 (   ) 공부를 했다. (부모의 도움이 없다)
·····▶ 그 청년은 부모의 도움이 없+이 공부를 했다.
·····▶ 그 청년은 부모의 도움(이) 없이 공부를 했다.

① 지금은 (   ) 살아갈 수 없어요. (돈이 없다)

·····▶

·····▶

② (   ) 어떻게 장사를 할 수 있겠니? (신용이 없다)

·····▶

·····▶

③ 그는 (   ) 사업을 시작했다. (생각이 없다)

·····▶

·····▶

4 아래 보기처럼 말해 보세요.

(   ) 채로 잠이 들었다. (손에 책을 쥐다)
·····▶ 손에 책을 쥐+은 채로 잠이 들었다.
·····▶ 손에 책을 쥔 채로 잠이 들었다.

① (   )이 달다. (사과가 꿀과 같다)

····▶

····▶

② 숲에는 (   ) 듯이 서 있었다. (나무들이 하늘을 찌르다)

····▶

····▶

③ (   ) 척 눈을 감았다. (그가 자다)

····▶

····▶

5 다음 (   ) 안에 알맞은 말을 골라 넣으세요.

> 물–   걸–   듣–   실–   묻–   들–   걷–   싣–

① 물건을 차에 (   )어야, 출발을 해요.

② 한참을 (   )다가, 나무 그늘에서 쉬었다.

③ 너 친구 소식 (   )었니?

④ 차에 짐을 (   )고, 떠났다.

⑤ 의심나는 것이 있으면, (   )어 봐.

⑥ 사람은 (   )어야, 오래 산다.

⑦ 남의 나이를 왜 (   )니?

⑧ 아무 말도 없이 그냥 말만 (   )고 있었다.

32 | 동대문 의류상가에서

주웬웬: 여기가 동대문 의류상가야. 젊은 사람들이 많이 오는 곳이야.

한   리: 매장이 굉장히 크다. 예쁘고 세련된 옷들이 많네.

왕위에: 옷 색상도 다양하고 화려하네. 옷 고르기가 힘들겠네.

주웬웬: 우리 청바지 좀 구경하자. 청바지를 사고 싶거든.

한   리: 그래, 나도 청바지를 사고 싶어.

주   인: 어서 오세요.

        청바지 구경하세요. 어떤 것을 원하세요?

왕위에: 나는 꽃무늬가 새겨진 옷을 좋아해요.

주   인: 아, 그런 옷은 이쪽에 진열되어 있어요. 천천히 구경해 보세요.

        청바지가 아주 좋아요.

주웬웬: 이 바지는 길이가 기네요.

주　　인: 바지 길이는 걱정하지 마세요. 바로 수선할 수 있거든요.

　　　　　 탈의실에서 한번 입어 보세요.

한　　리: 나는 이 옷이 좋아. 색상도 좋고 몸에도 딱 맞을 것 같은데.

주　　인: 아주 잘 고르셨네요.

　　　　　 이것은 한 번 세탁을 한 것이라서부분 탈색이 되었어요.

　　　　　 바지 신축성이 아주 좋아요. 한번 입어 보세요.

왕위에: 한리야, 이 옷 어때? 잘 맞는 것 같아?

한　　리: 응, 아주 잘 어울려.

주　　인: 이런 바지는 어때요? 무릎에 구멍이 나게 만든 청바지에요.

　　　　　 요즘 젊은이들이 많이 입는 옷이에요.

주웬웬: 이 옷 어떠니? 허리에도 맞고 신축성도 좋아.

왕위에: 응, 아주 멋져.

주　　인: 네, 아주 탁월한 선택입니다. 바지 길이는 바로 줄여 드리겠습니다.

주웬웬: 옷값이 얼마죠?

주　　인: 네, 40,000원이에요.

주웬웬: 좀 비싸네요. 저쪽 매장에서는 이런 옷이 35,000원이던데.

주　　인: 그럼 좀 깎아드리죠. 33,000원에 드릴게요.

주웬웬: 네, 그렇게 해 주세요.

주　　인: 고맙습니다. 다음에 또 오십시오.

Pronunciation

의류 [의류 / 으류]

옷 고르기가 [옫고르기가 → 옫꼬르기가 / 오꼬르기가]

천천히 [천천이 → 천처니]

있거든요 [읻거든요 → 읻꺼드뇨 / 이꺼드뇨]

옷들이 [옫들이 → 옫뜨리 / 오뜨리]

꽃무늬 [꼳무늬 → 꼰무니]

걱정하지 [걱쩡아지]

탈의실 [타리실 / 타르실]

색상 [색쌍]

고르셨네요 [고르션네요 → 고르션네요]

무릎에 [무르페]

선택입니다 [선태김니다]

이런 옷이 [이러노시]

좋고 [조코]

신축성 [신축썽]

탁월한 [타궈란]

옷값이 [옫갑시 → 옫깝씨 / 오깝씨]

 vocabulary

동대문 의류상가	매장	굉장히	크다
예쁘다	세련되다	옷	색상
다양하다	화려하다	옷 고르기	힘들다
청바지	구경하다	원하다	꽃무늬
새기다	진열되다	천천히	길이
길다	걱정하다	탈의실	입다
바로	수선하다	몸	맞다
고르다	세탁	부분 탈색	바지
신축성	입다	어울리다	무릎
구멍	요즘	젊은이	허리
멋지다	탁월하다	선택	바로
줄이다	옷값	비싸다	매장

내포문-서술절(敍述節) ··

　한 문장이 다른 문장에 안긴 문장을 내포문이라고 하는데, 그중에서 다른 문장의 서술어 노릇을 하는 것을 서술절이라고 한다. 위 대화에서 '이 바지는 길이가 길다'와 '나는 이 옷이 좋아'가 여기에 해당된다.

　　① 이 바지는 <u>길이가 길다</u>.
　　② 나는 <u>이 옷이 좋아</u>.

　이들 예문에서는 한 문장에서 주어가 두 번 나타나는데, ①에서 '이 바지'는 전체 문장의 주어이며, '길이'는 서술어 부분의 주어이다. 즉, '길이가 길다'라는 문장이 이 다른 문장에 안기면서 서술어 기능을 하는 것이다. ②에서 '나'는 전체 문장의 주어이며, '이 옷'은 서술어 부분의 주어이다. 즉, '이 옷이 좋아'라는 문장이 다른 문장에 안기면서 서술어 기능을 하는 것이다. 이러한 예는 다음과 같은 문장들에서도 발견된다.

　　코끼리는 <u>코가 길다</u>.
　　나는 <u>비가 싫다</u>.
　　나는 <u>네가 좋아</u>.
　　물이 <u>얼음이 되었다</u>.
　　고래는 <u>물고기가 아니다</u>.
　　동생은 <u>눈이 예쁘다</u>.
　　친구는 <u>회장이 되었다</u>.
　　이 산은 <u>나무가 많다</u>.
　　이 강은 <u>물이 깊다</u>.

💬 -을게

　어미 가운데서 'ㄹ' 다음의 'ㄱ, ㅅ, ㅈ' 등의 예사소리는 경음이 되는데, 그렇더라도 이들 소리는 예사소리로 적는다.

　　여기에서 기다리고 있을게. (-을게)
　　기다리고 있을걸. (-을걸)

물을 마실수록 목이 더 말라. (−을수록)

어려움이 닥칠지라도 견뎌내야 해. (−을지라도)

그러나 의문을 나타내는 다음 어미들은 경음으로 적는다.

오늘 점심은 뭘 먹을까? (−을까)

요즘 건강이 어떻습니까? (−습니까)

🗨 바지 길이, 바지 신축성

여기에서는 연결조사 '−의'가 생략되었다. 이 두 예는 '바지의 길이, 바지의 신축성'인데, 이렇게 구성된 다음에 '바지 길이'는 '걱정하지 마세요'의 목적어 기능을 하며, '바지 신축성'은 '아주 좋아요'의 주어 기능을 한다.

꽃 향기가 너무 진해. (꽃의 향기)

이 마을 사람들은 노래를 좋아해요. (마을의 사람들)

바다 깊이를 도무지 알 수 없어. (바다의 깊이)

친구 소식이 궁금해. (친구의 소식)

밤 바람이 차갑다. (밤의 바람)

운동화 끈이 풀렸어. (운동화의 끈)

심장 박동이 너무 빠르다. (심장의 박동)

도시 인구가 줄어들고 있다. (도시의 인구)

동백은 겨울 꽃이야. (겨울의 꽃)

사람들은 겨울 여행보다 가을 여행을 좋아한다. (겨울의 여행, 가을의 여행)

┃더 배워 볼까요┃

면바지	유행	도매가격	재고품
이월상품	도매점	소매점	홈쇼핑
영업시간	흥정하다	반품	허리둘레
옷 한 벌	블라우스	와이셔츠	양복

1 아래 보기처럼 대답해 보세요.

> 왜요? 옷이 마음에 안 드세요?
> (아니다, 마음에 들다, -는데, 돈이 없다)
> ····▶ 아니요, 옷은 마음에 드는데, 돈이 없어요.

① 왜요? 장미가 싫어요? (아니다, 장미꽃은 좋다, -은데, 가시는 싫다)

····▶

② 왜요? 집이 마음에 안 드세요? (아니다, 마음에 들다, -는데, 주변이 시끄럽다)

····▶

③ 왜요? 고기가 맛이 없어요? (아니다, 맛있다, -는데, 좀 질기다)

····▶

2 아래 보기처럼 말해 보세요.

> 이 바지는 (   ). 길이가 길다. ····▶ 이 바지는 길이가 길어요.

① 나는 (   ). 가을이 좋다. ····▶
② 코끼리는 (   ). 코가 길다. ····▶
③ 동생은 (   ). 눈이 예쁘다. ····▶

3 아래 보기처럼 말해 보세요.

> 오늘 점심은 뭘 먹을까? (고등어 구이) ····▶ 고등어 구이 어때?

① 서울까지 무엇을 타고 갈까? (고속버스) ····▶
② 텔레비전 방송에서 뭘 볼까? (연속극) ····▶
③ 휴가를 어떻게 보낼까? (등산) ····▶

4 아래 보기처럼 대답해 보세요.

> 이 옷 어때? 잘 어울리는 것 같아? (아주 잘)
> ┅┅▶ 응, 아주 잘 어울려.

① 그 사람 어때? 성실한 거 같아? (아니, 별로 안 그런 거 같다)

┅┅▶

② 이번 시험 어때? 합격할 것 같아? (아니, 잘 모르겠다)

┅┅▶

③ 직원들이 어때? 친절해? (응, 너무 친절하다)

┅┅▶

5 아래 보기처럼 '-의'를 생략해서 말해 보세요.

> 가정마다 전기의 절약을 생활화해야 한다.
> ┅┅▶ 가정마다 전기 절약을 생활화해야 한다.

① 오늘의 날씨가 어제보다 더 좋다.

┅┅▶

② 봄마다 마을의 잔치가 열린다.

┅┅▶

③ 4년마다 나라의 일꾼을 뽑는다.

┅┅▶

33 | 중국 여행

이한솔: 중국에 잘 다녀오셨어요?

어머니: 그래, 구경 잘 하고 왔어.

아버지: 이번 여행은 아주 멋진 여행이었어.

이현정: 중국 어디를 여행했어요?

아버지: 응, 베이징 시내, 만리장성, 황산, 하이난섬을 둘러보았어.

이한솔: 베이징에서는 어디를 갔었어요?

어머니: 먼저, 자금성을 둘러보았어.

　　　　그리고 나서 베이징 외곽에 있는 만리장성으로 갔지.

이현정: 만리장성을 직접 보니까 어땠어요?

아버지: 세계 7대 불가사의 건축물답게 규모가 대단하더라.

　　　　산 능선을 따라 쌓아 올린 돌들이 구불구불 끝없이 펼쳐졌어.

　　　　마음으로는 성을 따라서 끝까지 가고 싶었었는데.

이한솔: 만리장성은 우주에서도 보인다고 하던데요.

　　　　어느 작가는 만리장성을 돌뱀이라고 표현했어요.

아버지: 그래, 그 표현 참 좋구나!

이현정: 황산은 어땠어요?

어머니: 그 산 정말로 경치가 빼어나더라.

　　　　산봉우리에서 바라보는 운해는 굉장히 인상적이었어.

　　　　그런데 산 협곡에 매달린 다리를 지날 때는 무서워서 힘들었어.

　　　　내 몸이 허공에 떠 있는 것 같았어. 발 아래는 수백 미터 낭떠러지야.

　　　　온몸에 소름이 쫙 끼치고 다리가 부들부들 떨려서

　　　　한 발짝도 걸을 수가 없었어.

　　　　그 생각을 하면 지금도 소름이 끼치고 다리가 떨릴 지경이야.

　　　　그렇게 산을 올라가서 본 경치라서 그런지 아직도 여운이 남는구나!

이한솔: 황산에서는 소름이 돋는 여행을 하셨네요.

　　　　그럼 하이난섬은 좀 편안하게 구경을 했겠네요.

아버지: 그래, 하이난섬은 아주 이국적인 모습이더라.

　　　　그 섬은 중국 최남단의 섬인데 아열대 기후에 속해.

　　　　그래서 야자수도 많고 열대과일도 많더라.

　　　　남국의 정취를 한껏 느낄 수 있었단다.

　　　　그곳은 특히 겨울 여행지로 각광을 받는다고 하더라.

　　　　너희들도 다음에 한번 중국 여행을 다녀오너라.

이현정: 네, 알았어요. 이제 좀 쉬세요.

발음 Pronunciation

멋진 [멋진→멋찐/머찐]	만리장성 [말리장성]
직접 [직쩝]	7대 [칠때]
불가사의 [불가사의/불가사이]	끝없이 [끄덥씨]
운해는 [우내는]	걸을 수가 [거를쑤가]
아직도 [아직또]	돋는 [돈는]
이국적인 [이국쩌긴]	아열대 [아열때]

속해 [소캐]　　　　　　　　　열대과일 [열때과일]

남국의 [남구게]　　　　　　　각광을 [각꽝을 / 가꽝을]

vocabulary

중국 여행	다녀오다	구경	멋지다
베이징 시내	만리장성	황산	하이난섬
둘러보다	자금성	외곽	직접
불가사의	건축물	규모	대단하다
산 능선	따르다	쌓다	올리다
돌	구불구불	끝없이	펼치다
우주	어느	작가	돌뱀
표현하다	경치	빼어나다	산봉우리
바라보다	운해	인상적이다	협곡
매달리다	다리	지나다	무섭다
힘들다	허공	뜨다	발
아래	낭떠러지	온몸	소름
좍	끼치다	다리	부들부들
떨리다	발짝	돋다	이국적
모습	최남단	아열대 기후	속하다
야자수	열대과일	남국	정취
한껏	느끼다	특히	겨울 여행지
각광	받다	쉬다	

내포문-인용절(引用節) ....

인용절은 한 문장이 그대로 다른 문장에 안긴 것을 말하는데, 여기에는 직접인용과 간접인용 두 가지가 있다.

1. 직접인용(直接引用)

이것은 남이 한 말을 그대로 인용하는 것을 말하는데, 이 경우 인용절을 나타내는 조사인 '-라고'가 쓰인다. 이때에는 큰따옴표(" ")를 쓴다.

> 선생님께서 "내일 시험을 보겠다"라고 말씀하셨다.
> 사장은 "제품에 문제가 있으면 반드시 바꿔 주겠다"라고 말했다.
> 집주인은 "내일 가거라"라고 말했다.
> 한 연구원은 "힘들어도 끝까지 연구하겠습니다"라고 말했다.
> 할머니께서는 "장맛이 좋아야 음식맛이 좋은 법이야"라고 말씀하셨다.

2. 간접인용(間接引用)

이것은 남이 한 말을 간접적으로 인용하는 것을 말하는데, 이 경우 인용절을 나태내는 조사인 '-고'가 쓰인다. 간접인용절은 직접인용절이 바뀐 것인데, 이 경우 청자높임법과 시제법이 조절된다.

> ① 주인은 "살펴 가십시오"라고 말했다. (직접인용)
> ····➤ 주인은 살펴 가라고 말했다. (간접인용)
> ② "저는 환자들을 돌보겠습니다"라고 말했다. (직접인용)
> ····➤ 그는 환자들을 돌보겠다고 말했다. (간접인용)
> ③ "나는 가겠다"라고 하기에 그렇게 하라고 했어. (직접인용)
> ····➤ 그가 간다고 하기에 그렇게 하라고 했어. (간접인용)

💬 만리장성을 돌뱀이라고

이것은 간접인용의 표현인데, 원래는 "만리장성은 돌뱀입니다 / 돌뱀이다"라고 표현한 것을 간접인용인 '만리장성은 돌뱀이라고' 표현한 것이다. 이 경우 '돌뱀이다고'인 것이 종결어미 '-다'가 모음 아래서 '-라'로 변동한 것이다. '만리장성은 우주에서도 보인다고 하던데요'도 간접인용에 해당된다.

💬 경치라서 그런지

'-아서'는 원인, 이유를 나타내는 연결어미인데, 여기에 바로 설명을 나타내는 연결어미 '-은지'가 쓰인 구성이다.

> 잠을 못 자서 그런지, 온종일 정신이 멍하더라.
> 너무 더워서 그런지, 몸이 축 늘어지네.
> 새학기라서 그런지, 학생들이 열심히 공부한다.
> 김치가 매워서 그런지, 그대로 있네.
> 음식값이 싸서 그런지, 사람들이 많이 온다.

더 배워 볼까요

중국국제항공	중국동방항공	중국남방항공	대한한공
아시아나항공	항공예약	여행상품	호텔예약
비자	여권	국제선	왕복항공권
편도항공권	성수기	비수기	운항노선

1 아래 보기처럼 대답해 보세요.

> 만리장성을 뭐라고 표현했나요? "만리장성은 돌뱀이다"
> ·····▶ 네, 만리장성을 돌뱀이라고 표현했어요.

① 그 산을 뭐라고 표현했나요? "그 산은 신의 작품입니다."

·····▶

② 가을을 뭐라고 말했나요? "가을은 독서의 계절입니다."

·····▶

③ 고속도로를 뭐라고 합니까? "고속도로는 국가의 동맥이다."

·····▶

2 아래 보기처럼 대답해 보세요.

> 시험 감독은 수험생들에게 "휴대전화를 꺼 놓으십시오"라고 말했다.
> ·····▶ 시험 감독은 수험생들에게 휴대전화를 꺼 놓으라고 말했다.

① 어머니는 "오늘이 생일이구나"라고 말씀하셨다.

·····▶

② "그래도 지구는 돕니다"라고 말했다.

·····▶

③ "사과가 아주 달아요"라고 말했다.

·····▶

3 아래 보기처럼 말해 보세요.

> 비가 오다, —아서 그런지, 사람이 없다, —어요.
> ·····▶ 비가 와서 그런지, 사람이 없어요.

① 책을 많이 읽다, −어서 그런지, 아이가 아주 똑똑하다, −읍니다.

    ····▶

② 건강하시다, −아서 그런지, 할머니께서 식사를 잘 하신다, −읍니다.

    ····▶

③ 시험이 어렵다, −어서 그랬는지, 학생들이 많이 불합격했다, −어요.

    ····▶

4 아래 보기처럼 대답해 보세요.

> 기차 여행 어땠니? (아주 멋진 여행이다, −었어)
>
>   ····▶ 응, 아주 멋진 여행이었어.

① 황산 여행 어땠어요? (굉장히 인상적이다, −었어)

    ····▶

② 한국어 배우기 어때요? (너무 힘들다, −어요)

    ····▶

③ 지하철 어때? (아주 편리하다, −아)

    ····▶

5 아래 보기처럼 문장의 표현을 바꾸어 말해 보세요.

> 그 표현 참 좋다.
>
>   ····▶ 그 표현 참 좋구나!

① 공항에 사람들이 너무도 많다.

    ····▶

② 생각만 해도 기분이 좋아.

    ····▶

③ 오늘은 하늘이 맑다.

    ····▶

연습문제 정답

1│안녕히 주무셨어요?

1 ① 그리느냐?
　② 그리어라 / 그려라.
　③ 그리자.
2 ① 그림을 그려요.
　② 그림을 그리나요?
3 ① 아버지께서 진지를 잡수신다.
　② 할아버지께서 주무신다.
4 저는 할머니께 말씀드리었습니다 / 말씀드렸습니다.
5 나는 할머님을 모시고 서울에 갔다.

2│봄

1 ① 이　　　　　② 를
　③ 이　　　　　④ 가
　⑤ 을　　　　　⑥ 가
　⑦ 께서　　　　⑧ 을
　⑨ 를
2 ① 와　　　　　② 만큼
　③ 과　　　　　④ 보다
　⑤ 하고　　　　⑥ 보다
　⑦ 하고
3 ① 에　　　　　② 에서
　③ 에게 / 한테　④ 께
　⑤ 에　　　　　⑥ 에서
　⑦ 에　　　　　⑧ 에
　⑨ 에서
4 ① 아　　　　　② 로
　③ 으로서 / 으로　④ 로
　⑤ 야　　　　　⑥ 이다
　⑦ 으로써 / 으로
5 ① 몰아 ┈┈▶ 몰라　② 흘어 ┈┈▶ 흘러

3│여름

1 ① 은　　　　　② 은, 은
　③ 는　　　　　④ 도, 도
　⑤ 만　　　　　⑥ 마다
　⑦ 부터　　　　⑧ 까지
2 ① 나　　　　　② 마저
　③ 조차 / 마저　④ 이나마
　⑤ 마저 / 조차　⑥ 마저
　⑦ 이라도　　　⑧ 나마
3 ① 쌀로 만듭니다.　② 가죽으로 만듭니다.
　③ 무역학을 공부합니다.
4 ① 늦잠을 자서, 지각을 했다.
　② 일을 많이 해서, 피곤하다.
5 ① 여기가 만리장성이에요. ② 이것이 전자사전이에요.

4│가을

1 ① 의, 의, 의　② 의, 의, 의
　③ 의, 의　　　④ 의
　⑤ 의, 의　　　⑥ 의, 의
2 ① 의　　　　　② 의
　③ 의　　　　　④ 의
　⑤ 의　　　　　⑥ 의
　⑦ 의　　　　　⑧ 의
　⑨ 의
3 ① 이나, 이나　② 하고, 하고
　③ 은커녕 / 커녕　④ 에, 에
4 ① 요　　　　　② 요
　③ 요　　　　　④ 요
　⑤ 요　　　　　⑥ 라고
　⑦ 고
5 ① 멍멍　　　　② 꾸벅꾸벅

③ 콜록콜록   ④ 옹기종기
⑤ 똑똑똑   ⑥ 깡충깡충
⑦ 싱글벙글

5 | 겨울

1 ① 께서도 / 는   ② 하고 / 는 / 도
    ③ 한테 / 는 / 도 / 만   ④ 으로써 / 도 / 만
2 ① 만을   ② 부터가
3 ① 만은   ② 까지만은
4 ① 비 온다.   ② 선생님 오신다.
    ③ 물 좀 주세요.   ④ 오늘 신문 봤어요?
    ⑤ 너 오늘 공부 했니?   ⑥ 바람 불어요.
    ⑦ 돈 벌어요.   ⑧ 사람 많다.
5 ① 께서는   ② 한테도
    ③ 만이   ④ 로만

6 | 감기가 들었어요

1 ① 학생들이 책을 읽었다.   ② 학생들이 책을 읽겠다.
    ③ 학생들이 책을 읽는다.   ④ 학생들이 책을 읽더라.
2 ① 바람이 불겠다.   ② 바람이 불더라.
    ③ 바람이 불었다.   ④ 바람이 분다.
3 ① 교실이 조용하더라.
    ② 교실이 조용했다 / 조용하였다.
    ③ 교실이 조용하다.   ④ 교실이 조용하겠다.
4 ① 한국은 봄이다.   ② 한국은 봄이더라.
    ③ 한국은 봄이었다.   ④ 한국은 봄이겠다.
5 ① 내일 서울에 가겠어요. ② 일찍 일어나겠어요.
    ③ 청소를 하겠어요.   ④ 그림을 그리겠어요.

7 | 공항에서

1 ① 가시겠습니까?   ② 오더라.
    ③ 묻겠습니다.   ④ 읽었어요.
    ⑤ 했습니다 / 하였습니다.
2 ① 2시간 걸립니다.   ② 30분 걸립니다.
3 ① 좀 도와 주세요.   ② 물 좀 주세요.
    ③ 김밥 좀 드세요.   ④ 제발 좀 나가 놀아라.
    ⑤ 청소 좀 해라.   ⑥ 내 말 좀 들어 봐.
    ⑦ 잠 좀 자자.
4 ① 응, 한 7시쯤에 들어갔어.
    ② 응, 한 3천 원 정도 나와.
    ③ 응, 한 6월이나 7월쯤에 가.

④ 응, 한 30분 정도 걸려.
5 ① 네, 등산을 하려고 해요.
    ② 네, 책을 사려고 해요.

8 | 상점에서

1 ① 저는 행복해요.
    ② 저희는 행복해요 / 행복합니다.
2 ① 너희는 누구냐?
    ② 너는 누구냐?
3 ① 이들이 할머니를 도와 드렸어요. / 이이가 할머니를 도와 드렸어요. / 이분이 할머니를 도와 드렸어요.
    ② 그들은 운전을 해요. / 그분은 운전을 해요. / 그이는 운전을 해요.
    ③ 저들은 그 사실을 몰랐어요. / 저분은 그 사실을 몰랐어요. / 저이는 그 사실을 몰랐어요.
4 ① 이것을 주세요. / 그것을 주세요. / 저것을 주세요.
    ② 여기서 놀자. / 거기서 놀자. / 저기서 놀자.
5 ① 누구 / 누가 노래를 잘 해?
    ② 무엇이 쌉니까?
    ③ 어디에 왔어요?

9 | 음악회 가는 날

1 ① 눈이 쌓이어 / 쌓여 있다.
    ② 옷을 입고 있다.
    ③ 책을 읽게 하였다.
    ④ 이제 말하려 합니다.
    ⑤ 오늘까지 일을 해야 한다.
    ⑥ 글씨가 잘 쓰여진다.
    ⑦ 날씨가 추워진다.
    ⑧ 형은 운전을 하게 되었다.
    ⑨ 밤이 깊어 간다.
2 ① 온다   ② 버렸다
    ③ 준다   ④ 보았어요
    ⑤ 않아요   ⑥ 못했다
    ⑦ 싶어요
3 ① 아이가 잠을 자고 있었다.
    ② 저도 운전을 해 보겠어요.
    ③ 얼음이 녹아 버리었다 / 버렸다.
    ④ 오늘은 영화를 보고 싶었습니다.
    ⑤ 벌써 한 학기가 끝나 가네요.

⑥ 오늘은 덥지 않았어.

⑦ 선생님은 저희들을 잘 가르쳐 주시었습니다.

⑧ 시험 때문에 놀지 못해요.

4 ① 옷을 입어 본다.

② 형은 운전을 해 왔다.

5 ① 비가 오지 않는다.

② 전공과목이 어렵지 않다.

③ 김치가 맵지 않다.

10 | 기분이 좋아요

1 ① 것   ② 줄

③ 무렵   ④ 리

⑤ 채   ⑥ 대로

2 ① 바람   ② 지

③ 체 / 척   ④ 수

⑤ 뻔   ⑥ 김

⑦ 데

3 ① 것   ② 것

③ 것   ④ 것

⑤ 것   ⑥ 것

⑦ 것

4 ① 한국에 온 지 2년이 되었어요.

② 차 타는 데가 어디죠?

③ 늦잠을 자서, 학교에 늦을 뻔 했어.

5 ① 행사가 연기되는 수가 있다.

② 물건을 싸게 팔아서, 남을 것이 없어요.

11 | 도서관에서

1 ① 상냥하다 사람 / 상냥하+은 사람 / 상냥한 사람 /

② 아름답다 꽃 / 아름답+은 꽃 / 아름다운 꽃

③ 행복하다 한국 생활 / 행복하+은 한국 생활 / 행복
한 한국 생활

④ 따뜻하다 날씨 / 따뜻하+은 날씨 / 따뜻한 날씨

2 ① 음식을 맛있게 해 주셨다 어머니 / 음식을 맛있게
해 주셨+던 어머니 / 음식을 맛있게 해 주셨던 어머니

② 아침부터 학생들이 책을 본다 도서관 / 아침부터
학생들이 책을 보+는 도서관 / 아침부터 학생들이 책
을 보는 도서관

3 ① 걸어라   ② 닫어

③ 들어라   ④ 믿어

4 ① 비싸(+은 / 비싼) 옷을 어떻게 사니?

비싸(던) 옷이 요즘에는 싸졌다.

② 내가 살(+은 / 산) 고향이 많이 변했다.

내가 살(+는 / 사는) 고향이 많이 변했다.

③ 회사를 함께 운영하(+을 / 운영할) 사람을 찾고 있
어요.

회사를 함께 운영하(+은 / 운영한) 사람을 찾고 있
어요.

5 ① 날이 밝았나 봐.   ② 호수가 깊나 봐.

③ 집이 머나 봐.

12 | 눈이 아주 밝아졌어요

1 ① 네, (너무 / 굉장히) 맑습니다.

② 네, (제일 / 아주) 빠릅니다.

③ 네, (무척 / 꽤) 높습니다.

④ 네, (조금 / 약간) 왔습니다.

⑤ 네, (매우 / 너무) 기쁩니다.

⑥ 네, (조금 / 약간) 쌉니다.

⑦ 네, (무척 / 너무) 마음에 듭니다.

2 ① 하도   ② 하도

③ 하도

3 ① 신다   ② 끼다

③ 쓰다   ④ 차다

⑤ 끼다   ⑥ 신다

⑦ 입다

4 ① 벗다   ② 벗다

③ 벗다   ④ 벗다

⑤ 벗다   ⑥ 벗다

5 ① 찬물로 세수를 했더니 / 하였더니, 정신이 번쩍 든다.

② 수영을 했더니 / 하였더니, 배가 고프네.

③ 우는 아이한테 사탕을 주었더니, 울음을 멈췄다.

13 | 휴게실에서

1 ① 아무리   ② 제발

③ 결코   ④ 반드시

⑤ 왜   ⑥ 물론

⑦ 아마

2 ① 도무지   ② 비록

③ 부디   ④ 아마도

⑤ 만일   ⑥ 기어이

⑦ 과연   ⑧ 어찌

3 ① 어제 나는 서점에서 책을 샀다.

② 어제 서점에서 책을 나는 샀다.

③ 서점에서 책을 어제 나는 샀다.

④ 책을 어제 나는 서점에서 샀다.

4 ① 기   ② 기

③ 기

5 ① 어서   ② 어서

③ 어서   ④ 어서

⑤ 어서

14 | 지하철 타기

1 ① 어제   ② 언제

③ 지금   ④ 앞으로

2 ① 이제   ② 작년에

③ 언제   ④ 내일

3 ① 벌써   ② 한창

③ 미리   ④ 갑자기

⑤ 온종일   ⑥ 다시

4 ① 마침내   ② 먼저

③ 일찍   ④ 먼저

⑤ 마침   ⑥ 같이

⑦ 마침내

5 ① 가끔   ② 별안간

③ 이미   ④ 아직도

⑤ 항상

15 | 버스 타기

1 ① 너무 걷–어서 다리가 아프다. / 너무 걸어서 다리가 아프다.

② 표정이 밝–아서 보기가 좋다. / 표정이 밝아서 보기가 좋다.

③ 시험을 잘 보–아서 기분이 좋다. / 시험을 잘 보아서 기분이 좋다.

2 ① 봄이 오–면 꽃이 핀다. / 봄이 오면 꽃이 핀다.

② 돈이 있–으면 책을 사겠다. / 돈이 있으면 책을 사겠다.

③ 베이징에 가–면 만리장성을 보겠다. / 베이징에 가면 만리장성을 보겠다.

3 ① 그러므로   ② 그런데

③ 그리고   ④ 그러나

4 ① 그러니까   ② 그렇지만

③ 그리고   ④ 그런데

5 ① 네. 3414번 버스를 탑니다.

② 네. 30분 걸립니다.

③ 네. 천 원입니다.

④ 네. 가판대나 지하철역에서 삽니다.

16 | 택시 타기

1 ① 바닷물이 안 차갑다. / 바닷물이 차갑지 않다.

② 가방이 안 무거워. / 가방이 무겁지 않아.

③ 시험문제가 안 어려워요. / 시험문제가 어렵지 않아요.

④ 산이 안 높습니다. / 산이 높지 않습니다.

⑤ 어제 심부름을 안 했어요. / 어제 심부름을 하지 않았어요.

2 ① 휴일에 봉사활동을 못 했습니다. / 휴일에 봉사활동을 하지 못했습니다.

② 옷을 못 다렸어. / 옷을 다리지 못했어.

3 ① 그것은 우리의 책임이 아니다.

② 이것은 귀금속이 아니다.

③ 제비는 텃새가 아니다.

4 ① 성적에 따라 뽑습니다.

② 키에 따라 정합니다.

③ 시간표에 따라 진행합니다.

5 ① 자   ② 자

③ 자

17 | 할머니 생신

1 ① 고   ② 고

③ 고   ④ 고

⑤ 고   ⑥ 고

2 ① 자   ② 자

③ 자   ④ 자

⑤ 자

3 ① 으면서   ② 으면서

③ 으면서   ④ 으면서

⑤ 으면서

4 ① 다가   ② 다가

③ 다가   ④ 다가

⑤ 다가

5 ① 고서   ② 고서

③ 고서   ④ 고서

⑤ 고서

6 ① 아서　　　　　② 아서
　③ 아서　　　　　④ 아서
　⑤ 어서
7 ① 으니　　　　　② 으니
　③ 으니　　　　　④ 으니
　⑤ 으니

18│휴대전화

1 ① 잠을 잤지만, 그래도 졸려.
　② 병원에 갔지만, 문이 닫혔다.
　③ 형은 키가 크지만, 동생은 작다.
2 ① 그 사람은 똑똑한데, 좀 게으르다.
　② 목이 마른데, 물이 없어요.
　③ 옷은 좋은데, 옷값이 비싸다.
　④ 나도 사고 싶은데, 살 형편이 안 돼.
3 ① 에다　　　　　② 에다
　③ 에다　　　　　④ 에다
　⑤ 에다　　　　　⑥ 에다
4 이건 갈비탕이야.
5 ① 공일일 일이삼(에) 사오육칠
　② 공일공 육오오칠(에) 사일공팔
　③ 공일공 팔육구구(에) 일오삼삼

19│음식점에서

1 ① 거나 / 거나　　② 거나 / 거나
　③ 거나 / 거나
2 ① 든지 / 든지　　② 든지 / 든지
　③ 든지 / 든지
3 ① 비가 오거나 눈이 오거나, 부모님은 쉬지 않고 일
　　을 하신다.
　② 차를 타든 배를 타든, 언제나 멀미를 한다.
　③ 축구를 하든 농구를 하든, 규칙을 따라야 해.
4 ① 아무튼　　　　② 아무튼
　③ 아무튼　　　　④ 아무튼
　⑤ 아무튼
5 ① 아무래도　　　② 아무래도
　③ 아무래도　　　④ 아무래도

20│기숙사 생활은 어때요?

1 ① 음식을 너무 먹어서, 소화제를 먹었다.
　② 비가 와서, 행사가 취소되었다.

　③ 옷이 커서, 다시 바꾸었다.
　④ 장학금을 받아서, 기분이 아주 좋다.
2 ① 봄이 오니까, 몸이 나른하다.
　② 책을 많이 읽으니까, 어휘력이 는다.
　③ 눈이 오니까, 길이 미끄럽다.
　④ 날이 더우니까, 에어컨이 잘 팔린다.
3 ① 전화를 받느라고, 밥이 탄 줄도 몰랐다.
　② 서둘러 오느라고, 물건도 못 샀다.
　③ 친구를 만나느라고, 집에 늦게 왔다.
　④ 논문을 준비하느라고, 눈 코 뜰 새가 없다.
4 ① 너무 피곤해서 쉬었답니다.
　② 다음에 꼭 오겠답니다.
　③ 이번에는 꼭 합격하겠답니다.
5 ① 불편한 것이 없어요.
　② 스트레스를 해소하는 것이 좋아요.
　③ 예의를 지키는 것은 사람의 도리다.

21│병원에서

1 ① 으면　　　　　② 으면
　③ 으면　　　　　④ 으면
　⑤ 으면
2 ① 거든　　　　　② 거든
　③ 거든　　　　　④ 거든
　⑤ 거든
3 ① 밤이 되어야, 별을 볼 수 있지.
　② 부지런해야, 잘 살 수 있다.
　③ 비가 와야, 채소가 잘 자란다.
　④ 학생증이 있어야, 강의를 들을 수 있어요.
4 ① 발하고 무릎이 아파요.
　② 눈하고 귀가 아파요.
　③ 팔하고 어깨가 아파요.
5 ① 늦잠을 자서 늦었어요. / 늦잠을 자서요.
　② 단풍이 고와서, 좋아해요. / 단풍이 고와서요.

22│찜질방 이야기

1 ① 으러　　　　　② 으러
　③ 으러　　　　　④ 으러
　⑤ 으러
2 ① 네, 대학에 들어가려고요.
　② 네, 등산을 하려고요.
　③ 네, 서울에 빨리 가려고요.

④ 네, 진찰을 받으려고요.

3 ① 반대하는 사람들을 설득하고자, 노력하고 있어요.

② 어려운 사람들을 돕고자, 해외로 갔다.

③ 이해를 돕고자, 통계자료를 보여 드리겠습니다.

④ 결혼을 하고자, 양가의 허락을 받았다.

4 ① 옷이 너무 크거든요.

② 잠을 너무 많이 자거든요.

③ 일을 잘 하거든요.

④ 학교가 멀거든요.

5 ① 아니요, 안 왔어요.

② 아니요, 두 권 샀어요.

③ 네, 많이 불어요.

23│대학 축제

1 ① 건대 ② 건대

③ 건대 ④ 건대

⑤ 건대

2 ① 너도 보다시피, 지금 너무 바빠.

② 너도 말했다시피, 고향이 참 좋아.

③ 너도 알다시피, 그곳은 비가 아주 많이 내려.

3 ① 게 / 도록 / 으라고 ② 게 / 도록 / 으라고

③ 게 / 도록 / 라고 ④ 게 / 도록 / 라고

⑤ 게 / 도록 / 라고

4 ① 김 ② 김

③ 김 ④ 김

⑤ 김

5 ① 네, 결실의 계절이라고 합니다.

② 네, 시민의 발이라고 합니다.

③ 네, 산업의 쌀이라고 합니다.

24│휴대전화로 문자 메시지 보내기

1 ① 잠을 잤어도, 잔 것 같지 않네.

② 나이가 어려도, 생각이 깊어요.

③ 물이 얕아도, 조심해야 해.

2 ① 밥이 질더라도, 먹어야 해.

② 만나지는 못하더라도, 연락은 하자.

③ 화가 나더라도, 참으세요.

3 ① −을지라도 / 올지라도

② −을지라도 / 반대할지라도

③ −을지라도 / 할지라도

④ −을지라도 / 서투를지라도

⑤ −을지라도 / 떨어질지라도

4 ① 응, 개교기념일이라서.

② 네, 스키를 탈 수 있어서.

5 ① 말을 잘 하는군요.

② 산이 매우 높군요.

25│중간고사

1 ① 았자 ② 았자

③ 았자 ④ 았자

⑤ 았자

2 ① 을수록 ② 을수록

③ 을수록 ④ 을수록

⑤ 을수록

3 ① 집에 있으나 밖에 있으나, 예의를 지켜야 합니다.

② 눈이 오나 비가 오나, 늘 운동을 해요.

③ 앉으나 서나, 늘 자식 걱정만 하신다.

④ 차를 타나 배를 타나, 멀미를 해요.

4 ① 어도 / 어도 ② 아도 / 아도

③ 아도 / 아도

5 ① 이 옷을 입으면 입을수록, 편해요.

② 이 꽃을 보면 볼수록, 아름답다.

③ 유리가 얇으면 얇을수록, 깨지기 쉽다.

26│퀴즈 맞히기

1 ① 높−(이)−다 ② 좁−(히)−다

③ 밝−(히)−다 ④ 늦−(추)−다

2 ① 날−(리)−다 ② 웃−(기)−다

③ 울−(리)−다 ④ 먹−(이)−다

⑤ 읽−(히)−다 ⑥ 잡−(히)−다

3 ① 길을 좁히었다 / 좁혔다. / 길을 좁게 하였다.

② 불을 밝히었다 / 밝혔다. / 불을 밝게 하였다.

③ 방학을 늦추었다 / 늦췄다. / 방학을 늦게 하였다.

4 ① 학생들에게 신문을 읽히었다 / 읽혔다. / 학생들에게 신물을 읽게 하였다.

② 아이에게 손을 잡히었다 / 잡혔다. / 아이에게 손을 잡게 하였다.

5 ① 사장이 사원들에게 일을 시킨다.

② 나는 동생을 보냈다.

③ 나는 직원을 보냈다.

27 | 추석

1 ① 고양이가 개에게 물리었다 / 물렸다.
  ② 아이가 어머니에게 안기었다 / 안겼다.
  ③ 발이 어떤 사람에게 밟혔다.
2 ① 어려운 문제가 풀리었다 / 풀렸다.
  ② 피아노 소리가 들리었다 / 들렸다.
  ③ 발길이 끊기었다 / 끊겼다.
3 ① 경매가 전산처리 문제로 중단이 되었다.
  ② 차량이 마라톤대회로 통제가 되었다.
  ③ 선생님이 학생들에게 존경을 받는다.
  ④ 그 신입생이 학생들에게 주목을 받는다.
4 ① 돈이 불우한 사람한테 쓰여졌다.
  ② 나무가 나무꾼한테 베어졌다.
5

一日	二日	三日	四日	五日
하루	이틀	사흘	나흘	닷새
六日	七日	八日	九日	十日
엿새	이레	여드레	아흐레	열흘

6

過去			現在
-3	-2	-1	0
그끄저께	그저께	어제	오늘
未來			
+1	+2	+3	+4
내일	모레	글피	그글피

28 | 마음을 먹었어요

1 ① 명절에는 집집마다 떡을 해요.
  ② 전국 곳곳에서 사과가 재배된다.
2 ① 운동장이 꽤 넓디넓네.
  ② 한약이 너무 쓰디쓰네요.
  ③ 꿀이 참 달디달아.
3 ① 뜨리   ② 짓
  ③ 치   ④ 치
4 ① 나 / 나   ② 자 / 자
  ③ 으면 / 을수록 ④ 아도 / 아도
5 ① 부끄러워요. 너무 칭찬하지 마세요.
  ② 언제 결혼식을 올려요?
  ③ 그 말을 잘 듣지 않았다.
  ④ 어디에 있다가 이제야 나타나니?
  ⑤ 미안해. 시험에 떨어졌어.
  ⑥ 그 사람은 잘난 체하고 거만해요.

29 | 봉사활동

1 ① 맘   ② 끝났답니다
  ③ 절로   ④ 걘
  ⑤ 엊저녁   ⑥ 이게
  ⑦ 많잖은
2 ① 크다니까   ② 와야
  ③ 갖고   ④ 먹어야겠어
  ⑤ 좋대서   ⑥ 했다
  ⑦ 돼
3 ① 적잖은   ② 쟨
  ③ 췄다   ④ 저건
  ⑤ 만만찮다   ⑥ 뭘
  ⑦ 없었다네
4 ① 네, 덕분에 잘 쉬었어요.
  ② 네, 염려 덕분에 건강해요.
  ③ 네, 덕분에 잘 해요.
5 ① 일년이 하루와 같다.
  ② 얼굴이 보름달과 같다.
  ③ 강이 바다와 같다.

30 | 시장에서 물건사기

1 ① (험하+은 산)을 오를 때는 조심해야 해. / 험한 산을 오를 때는 조심해야 해.
  ② 동생은 (예쁘고 귀엽+은 강아지)를 길러요. / 동생은 예쁘고 귀여운 강아지를 길러요.
  ③ 어제 저녁에 (중국에서 오+은 친구)를 만났어. / 어제 저녁에 중국에서 온 친구를 만났어.
  ④ 그 회사는 (부지런하고 성실하+은 사람)을 뽑아요. / 그 회사는 부지런하고 성실한 사람을 뽑아요.
2 ① 오늘이 (임시휴교이+은 것)을 모른 채 학교에 갔어요. / 오늘이 임시휴교인 것을 모른 채 학교에 갔어요.
  ② 하도 피곤해서 (옷을 입+은 채로 잤어. / 하도 피곤해서 옷을 입은 채로 잤어.
  ③ (사람들이 많이 오지 않+은 탓으로 행사가 연기되었다. / 사람들이 많이 오지 않은 탓으로 행사가 연기되었다.
  ④ 멀리서 (천둥이 치+는 소리가 들렸다. / 멀리서 천둥이 치는 소리가 들렸다.
3 ① 그분은 (남을 도와 주+기)를 좋아한다. / 그분은 남

을 도와 주기를 좋아한다.

② 옛날에는 (우표를 모으+기)가 유행이었어. / 옛날에는 우표를 모으기 / 우표모으기가 유행이었어.

③ 산을 (오르+기)보다 (내려오+기)가 훨씬 힘들어. / 산을 오르기보다 내려오기가 훨씬 힘들어.

④ 책을 빨리 읽는 것보다는 (정확히 이해하+기)가 중요하다. / 책을 빨리 읽는 것보다는 정확히 이해하기가 중요하다.

4 ① 이 차가 좋은데, 색이 마음에 안 들어요.

② 학교가 마음에 드는데, 거리가 너무 멀어요.

③ 집이 마음에 드는데, 주변의 소음이 심해요.

④ 과일이 맛이 있는데, 껍질이 두꺼워요.

5 ① 최신유행이라서 그래요.

② 주관식 서술형이라서 그래요.

③ 유기농으로 재배한 쌀이라서 그래요.

④ 역사가 오래되어서 그래요.

31│노약자석

1 ① 꽃밭에 (장미가 아름답+게) 피었다. / 꽃밭에 장미가 아름답게 피었다.

② 나는 (나무가 잘 자라+게) 비료를 주었다. / 나는 나무가 잘 자라게 비료를 주었다.

③ 그는 (아무도 모르+게) 어려운 사람을 도와 주었다. / 그는 아무도 모르게 어려운 사람을 도와 주었다.

2 ① 그냥 (내가 시키+는) 대로 하면 돼. / 그냥 내가 시키는 대로 하면 돼.

② (휴지가 보이+는) 대로 줍는다. / 휴지가 보이는 대로 줍는다.

③ 그는 (돈이 모이+는) 대로 저축을 한다. / 그는 돈이 모이는 대로 저축을 한다.

3 ① 지금은 (돈이 없+이) 살아갈 수 없어요. / 지금은 돈이 없이 살아갈 수 없어요.

② (신용이 없+이) 어떻게 장사를 할 수 있겠니? / 신용이 없이 어떻게 장사를 할 수 있겠니?

③ 그는 (생각이 없+이) 사업을 시작했다. / 그는 생각이 없이 사업을 시작했다.

4 ① (사과가 꿀과 같+이) 달다. / 사과가 꿀과 같이 달다.

② 숲에는 (나무들이 하늘을 찌르+을) 듯이 서 있었다. / 숲에는 나무들이 하늘을 찌를 듯이 서 있었다.

③ (그가 자+는) 척 눈을 감았다. / 그가 자는 척 눈을 감았다.

5 ① 실   ② 건
  ③ 들   ④ 싣
  ⑤ 물   ⑥ 걸
  ⑦ 묻   ⑧ 듣

32│동대문 의류상가에서

1 ① 아니요, 장미꽃은 좋은데, 가시는 싫어요.

② 아니요, 마음에 드는데, 주변이 시끄러워요.

③ 아니요, 맛있는데, 좀 질겨요.

2 ① 나는 가을이 좋아요.

② 코끼리는 코가 길어요.

③ 동생은 눈이 예뻐요.

3 ① 고속버스 어때?

② 연속극 어때?

③ 등산 어때?

4 ① 아니, 별로 안 그런 거 같아.

② 아니, 잘 모르겠어.

③ 응, 너무 친절해.

5 ① 오늘 날씨가 어제보다 더 좋다.

② 봄마다 마을 잔치가 열린다.

③ 4년마다 나라 일꾼을 뽑는다.

33│중국 여행

1 ① 네, 그 산을 신의 작품이라고 표현했어요.

② 네, 가을을 독서의 계절이라고 말했어요.

③ 네, 고속도로를 국가의 동맥이라고 합니다.

2 ① 어머니는 오늘이 생일이라고 말씀하셨다.

② 그래도 지구는 돈다고 말했다.

③ 사과가 아주 달다고 말했다.

3 ① 책을 많이 읽어서 그런지, 아이가 아주 똑똑합니다.

② 건강하시어서 그런지, 할머니께서 식사를 잘 하십니다.

③ 시험이 어려워서 그랬는지, 학생들이 많이 불합격했어요.

4 ① 굉장히 인상적이었어.

② 너무 힘들어요.

③ 아주 편리해.

5 ① 공항에 사람들이 너무도 많구나!

② 생각만 해도 기분이 좋구나!

③ 오늘은 하늘이 맑구나!

저자 **방운규**

- 문학박사
- 건국대학교 대학원 석사, 박사과정 수료
- 평택대학교 국어국문학과 겸임교수
- 한국학술진흥재단 2002기초학문육성지원사업 수행(2002~2004)
- 중국 산동성 일조시 곡부사범대학교 교환교수(2008)

〈논문〉
- 「현대 국어의 나열문 연구」(1999)
- 「사투리의 활용 방안에 대하여」(2000)
- 「여성 감탄사 '어머나'에 대하여」(2006)
- 「현대 국어 배설동사의 의미 특성」(2009)

중국 유학생을 위한 한국어
中国留学生实用韩语

초판 인쇄 2010년 2월 19일
초판 발행 2010년 2월 26일
지은이 방운규
펴낸이 이대현 | **책임편집** 권분옥 | **편집** 이소희·추다영
펴낸곳 도서출판 역락 | **등록** 제303-2002-000014호(등록일 1999년 4월 19일)
주소 서울시 서초구 반포 4동 577-25 문창빌딩 2층
전화 02-3409-2060(편집부), 2058(영업부) | **팩시밀리** 02-3409-2059
전자우편 youkrack@hanmail.net
ISBN 978-89-5556-753-3 93710

정가 15,000원

■잘못된 책은 교환해 드립니다.